乒乓球运动教学与训练研究

邹庆强 ◎ 著

中国书籍出版社
China Book Press

图书在版编目（CIP）数据

乒乓球运动教学与训练研究 / 邹庆强著 . -- 北京：中国书籍出版社，2023.12

ISBN 978-7-5068-9729-7

Ⅰ.①乒… Ⅱ.①邹… Ⅲ.①乒乓球运动—运动训练—研究 Ⅳ.① G846.2

中国国家版本馆 CIP 数据核字 (2023) 第 234910 号

乒乓球运动教学与训练研究

邹庆强　著

图书策划	成晓春
责任编辑	牛　超
封面设计	博健文化
责任印制	孙马飞　马　芝
出版发行	中国书籍出版社
地　　址	北京市丰台区三路居路 97 号（邮编：100073）
电　　话	（010）52257143（总编室）（010）52257140（发行部）
电子邮箱	eo@chinabp.com.cn
经　　销	全国新华书店
印　　刷	天津和萱印刷有限公司
开　　本	710 毫米 × 1000 毫米　1/16
字　　数	200 千字
印　　张	12.25
版　　次	2024 年 5 月第 1 版
印　　次	2024 年 5 月第 1 次印刷
书　　号	ISBN 978-7-5068-9729-7
定　　价	76.00 元

版权所有　翻印必究

前　言

乒乓球在我国可谓"国球"，已经成为我国人民群众一个重要的体育运动符号。长久以来，我国的乒乓球比赛成绩在国际乒坛上的位置无可撼动，引领着世界乒乓球运动的发展。

当前，随着乒乓球运动职业化和产业化的不断推进，乒乓球运动训练体系也得到了进一步的完善与发展。但与其他运动项目相比，乒乓球运动建设的步伐却显得缓慢，创新性理论并不多见。因此，对乒乓球运动训练进行再一次研究与剖析就显得尤为必要，这能为世界乒乓球运动的健康发展提供一定的借鉴与思路，从而推动世界乒乓球运动的可持续发展。

本书在内容上总共分六章。第一章的主要内容为乒乓球运动概述，介绍乒乓球运动的产生与发展，乒乓球运动的特点与价值，乒乓球运动的发展趋势，乒乓球运动与现代社会的融合；第二章的主要内容为乒乓球运动的训练常识，详细介绍了乒乓球运动的基本术语，乒乓球的站位、握拍方法和步法，乒乓球运动的环节和动作结构，乒乓球运动的力学原理，乒乓球运动打法分类；第三章的主要内容为乒乓球运动技术教学，介绍了乒乓球发球技术教学，乒乓球接发球技术教学，乒乓球推、搓球技术教学，乒乓球的攻球技术教学，乒乓球的弧圈球技术教学；第四章的主要内容为乒乓球运动战术教学，分别介绍了乒乓球制胜因素，乒乓球运动战术原理，乒乓球运动单打战术教学，乒乓球运动双打战术教学；第五章的主要内容为乒乓球专项身体训练，讲解了乒乓球运动速度素质训练，乒乓球运动力量素质训练，乒乓球运动耐力素质训练，乒乓球运动灵敏素质训练，乒乓球运动柔韧素质训练；第六章的主要内容为现代乒乓球运动实践科学指导，详细讲解了乒乓球运动的营养补充，乒乓球运动的疲劳恢复，乒乓球运动的伤病处理。

在撰写本书的过程中，作者得到了许多专家学者的帮助和指导，参考了大量的学术文献，在此表示真诚地感谢。但由于作者水平有限，书中难免会有疏漏之处，希望广大同行及时指正。

邹庆强

2023 年 5 月

目 录

第一章　乒乓球运动概述 ··· 1
　第一节　乒乓球运动的产生与发展 ·· 1
　第二节　乒乓球运动的特点与价值 ·· 6
　第三节　乒乓球运动的发展趋势 ·· 9
　第四节　乒乓球运动与现代社会的融合 ·· 11
　第五节　乒乓球运动教学训练原则、方法与理念 ······································· 16

第二章　乒乓球运动的训练常识 ··· 34
　第一节　乒乓球运动的基本术语 ·· 34
　第二节　乒乓球的站位、握拍方法和步法 ·· 38
　第三节　乒乓球运动的环节和动作结构 ·· 44
　第四节　乒乓球运动的力学原理 ·· 47
　第五节　乒乓球运动打法分类 ·· 53

第三章　乒乓球运动技术教学 ··· 65
　第一节　乒乓球发球技术教学 ·· 65
　第二节　乒乓球接发球技术教学 ·· 76
　第三节　乒乓球推、搓球技术教学 ·· 84
　第四节　乒乓球的攻球技术教学 ·· 93
　第五节　乒乓球的弧圈球技术教学 ·· 106

第四章　乒乓球运动战术教学·············115
第一节　乒乓球制胜因素·············115
第二节　乒乓球运动战术原理·············121
第三节　乒乓球运动单打战术教学·············126
第四节　乒乓球运动双打战术教学·············137

第五章　乒乓球专项身体训练·············147
第一节　乒乓球运动速度素质训练·············147
第二节　乒乓球力量素质训练·············150
第三节　乒乓球运动耐力素质训练·············152
第四节　乒乓球运动灵敏素质训练·············154
第五节　乒乓球运动柔韧素质训练·············156

第六章　现代乒乓球运动实践科学指导·············162
第一节　乒乓球运动的营养补充·············162
第二节　乒乓球运动的疲劳恢复·············173
第三节　乒乓球运动的伤病处理·············176

参考文献·············189

第一章 乒乓球运动概述

乒乓球运动不分性别、不分身体条件、不分年龄，具有广泛的适应性、趣味性和较高锻炼价值，早已成为广大群众所喜爱的体育运动。本章的主要内容为乒乓球运动概述，具体包括乒乓球运动的产生与发展，乒乓球运动的特点与价值，乒乓球运动的发展趋势，乒乓球运动与现代社会的融合。

第一节 乒乓球运动的产生与发展

一、乒乓球运动的诞生

乒乓球运动于19世纪末期起源于英国，随后在整个欧洲蔓延开来。乒乓球运动的起源与网球有着千丝万缕的联系，该运动的英文名为Table Tennis，直译过来就是在桌子上打的网球。据相关文献记载，19世纪后半叶，很多英国大学生受到网球运动的启示，一种极类似现在乒乓球的室内游戏逐渐风靡开来。这种运动在发球时，可将球直接发到对方台面或者把球先发到本方台面再跳至对方台面。球拍用羊皮纸贴成，形状为长柄椭圆形，内部是空心的。为了防止球乱跳损坏其他设施，在橡胶或软木实心球外，往往需要包一层轻而结实的毛线。这种游戏可在饭桌上支起网来打，甚至简单在地板上用两把椅子当作支柱，中间挂起网就能进行。虽然当时的器材不能保证比赛的激烈性，但仍然有很强的趣味性。这种游戏在最早期的名称是"弗利姆·弗拉姆"（Flim·Flam），或者叫作"高希马"（Goossime）。它在当时的规则并不统一，有10分、20分为一局的，也有50分或100分为一局的。

后来，一位名叫詹姆斯·吉布（James Gibb）的英格兰人到美国旅行时，偶然发现了一种用赛璐珞材质制成的空心玩具球有较强的弹性，所以他将这种材质的球运用到这项游戏中，代替了橡胶和实心球。1890年前后，人们开始使用赛璐珞球，这种材质的球逐步在英国和世界各地获得广泛推广。由于当时普遍使用的那种球拍击到球时会发出奇特的"乒乓"声音，所以这项运动就非常形象地被命名为"乒乓球"。最初乒乓球流行于宫廷，后来由于其独特的魅力开始风靡到欧洲的各个角落，最终走向世界。

二、乒乓球运动的发展历程

（一）欧洲的全盛时期

1926~1951年是欧洲乒乓球运动发展的全盛时期。这25年间共举办了18届世乒赛，只有一届是在欧洲以外地方举办的，那唯一的一届——第13届的比赛是在非洲的埃及举办的。在世乒赛的所有7个正式比赛项目中，除8项冠军由美国选手获得外（第11届女子单打决赛没能确定冠军），其余109项均由欧洲选手获得，占全部金牌总数的93.1%，因此，这一时期是欧洲乒乓球的全盛时期。[1]

在乒乓球运动发展的历程中，这一时期是一个相当长的阶段。从技术打法方面来说，主要是以削为主或削攻结合型打法，此时期，比赛的指导思想就是自己少失误，迫使对方失误增加。其中原因包含以下几点：

第一，运动员使用的胶皮拍有利于削球打法的运用，因为胶皮拍的特点是弹力小、易掌握，有一定的摩擦力，可让球旋转。

第二，当时的乒乓球技术处于初级阶段，并没有人掌握高级或难度大的技术。削球失误少，攻球失误很多，尤其是加力的大板扣杀，技术难度更大，所以当时的运动员作出这种选择是非常容易理解的。

第三，乒乓球台窄，球网高（当时的球台宽为146.4厘米，球网高17厘米）。这种球台也有利于防守。

稳健的削球打法是这一时期的主要技术打法，不过，由于在这一时期乒乓球比赛并无时间限制，所以比赛往往会使人感觉长且乏味。因此，在第11届世乒赛之后，国际乒联对比赛规则作出了以下三个方面的修改：

---

[1] 向超宗，邢峰. 大学体育选项课教程[M]. 重庆：重庆大学出版社，2015.

第一点是在比赛器材方面。球台从146.4厘米加宽到152.5厘米，球网从17厘米降低到15.25厘米。

第二点是在发球技术方面。发球时不能用手指拨动球使其旋转。

第三点是比赛时间方面。在五局三胜的比赛当中，比赛时间不得超过1小时45分钟，在三局两胜的比赛当中，比赛时间不得超过1小时。

（二）日本乒乓球繁盛时期

1952~1959年间是日本乒乓球繁盛的时期。1928年，日本乒乓球协会加入国际乒乓球联合会并于1952年首次参加世乒赛。日本选手采用全新的直拍全攻型打法，这使得欧洲乒乓球运动员在技术上受到很大的冲击，日本乒乓球运动员也因为这一技术，连续击败了许多欧洲名将，一举夺得了男子单打、男子双打、女子团体和女子双打四项冠军。在第21届至25届世乒赛中蝉联男团冠军，并多次在5个单项中获得冠军，共计24项次。在第21届世乒赛上，日本乒乓球队同时获得男女两项团体冠军。第25届，日本队更是一举夺得7项中的6项冠军取得了划时代的成功。他们之所以能够取得如此优秀的成绩，其主要原因包括以下两点：

1. 打法的独特创新

直拍远台长抽进攻型打法是日本独树一帜的打法。

2. 球拍的革新

日本选手使用了海绵球拍，这种球拍可以提高乒乓球的速度和旋转，同时也使乒乓球技术进入到快速发展阶段。

因此，从那一时期开始，世界乒乓球技术从欧洲的防守削球时代进入了亚洲的积极进攻时代。

（三）中国乒乓球的崛起

1959~1969年是中国乒乓球运动崛起的年代。1952年3月，中国加入国际乒乓球联合会，在1953年第一次参加了世乒赛。此后，通过长期不懈的努力，容国团在第25届世乒赛中成功夺得男子单打冠军，这是中国第一枚男子单打世界金牌，更是历史性的突破。1961年至1965年的3届世乒赛中，中国队又以独特的打法夺得11项冠军，占金牌总数的52%，其中男子团体和男子单打保持了

"三连冠"。[①] 在第 28 届锦标赛中，中国队更是一举夺得了男女团体、男女双打、男子单打共 5 项冠军，达到了中国乒乓球队参加世乒赛后的第一个高峰，也标志着中国乒乓球队已进入世界先进行列。

中国乒乓球运动的崛起主要有以下几点原因：

1. 独特的技术

"快、狠、准、变"是中国乒乓球队的一贯技术风格。

2. 不断创新的技术打法

中国使用的积极、主动、快速的直板近台快攻打法，既遏制了日本队的中远台攻势，也控制了欧洲的旋转打法。

3. 战术应用得当

在比赛中，中国队采用了快打、狠压、侧身攻和反复调动等一系列有效战术。

（四）欧洲复兴、欧亚争夺时期

1971~1988 年是欧洲乒乓球开始复兴，且欧亚进入争夺阶段的重要时期。进入 20 世纪 70 年代，世界乒乓球技术的发展突飞猛进，欧洲运动员在结合了中国快攻和日本弧圈优点的基础上，创造了弧圈结合快攻和快攻结合弧圈的新型打法，在比赛中对亚洲选手造成了很大的威胁。欧洲涌现出一大批有实力的年轻选手，其中的代表有瑞典队的本格森，匈牙利队的约尼尔、克兰帕尔，苏联的萨尔霍扬和捷克斯洛伐克的奥洛夫斯基等。第 31 届世乒赛上，瑞典队的本格森夺得了男子单打冠军；第 32 届世乒赛上，瑞典男队打破了亚洲保持长达 20 年之久的团体冠军纪录；在第 33 届世乒赛上，约尼尔和斯蒂潘契奇进行了激烈的男单决赛；第 35 届世乒赛上，匈牙利队夺走了斯韦思林杯，而南斯拉夫男队夺得男双冠军。欧洲选手在经过 20 年的努力之后，终于走上了复兴之路。欧洲乒乓球能够复兴，主要有以下四点原因：

第一，在打法全面的基础上突出技术特长。欧洲选手在拉、冲、扣等技术上结合自如，正手、反手、侧身都能进攻，下旋、上旋也能攻，还创造出了半推半搓式的接发球方法。

第二，打法推陈出新。他们吸取了中国快攻打法和日本的弧圈球打法的优点，

[①] 克宇飞. 全球化背景下中国促进世界乒乓球运动协同发展的策略研究 [D]. 天津：天津体育学院, 2022.

结合自己的传统打法，创造出横拍弧圈球结合快攻和快攻结合弧圈球两种新打法。

第三，多变的战术运用。欧洲选手在战术上也有明显的优势，特别是在比赛中的攻防转换快和多，突出了他们的战术变化。

第四，比赛与训练相结合。欧洲选手的训练和比赛结合紧密，有时训练就是比赛，同时比赛也是训练，因此他们对比赛的适应能力很强，尤其是比赛时心理素质的稳定性更为突出。欧洲乒乓球职业化迅速发展，各种比赛频繁，加上待遇优厚，极大地促进了欧洲乒乓球技术的发展。复兴的欧洲与亚洲形成了抗衡和争夺之势。

（五）中国乒乓球发展的鼎盛时期

1991年至今是中国乒乓球发展最鼎盛的时期。中国队继1981年赢得冠军之后，经过14年的奋斗，从低谷中走出，一举夺得第43届世乒赛上全部比赛的7项冠军，真正重攀高峰，再创辉煌。

中国乒乓球队自第43届世乒赛上获得全胜后，从真正意义上改变了自20世纪80年代末至90年代中期世界乒坛的实力次序。在44届世乒赛上，中国男女队再次保持荣誉，夺得6金。1999年第45届世乒赛单项比赛，中国队又一次大获全胜，取得5个单项的冠亚军。第46届世乒赛上，中国男女队包揽了所有项目的7块金牌。2004至2012年，在多哈、上海、不莱梅、萨格勒布、北京、多特蒙德六个城市连续6年的世乒赛上，中国乒乓球队更是包揽了所有项目的冠军。[①]

中国乒乓球队逐步进入鼎盛发展时期，其主要原因有以下几点：

1. 培养运动员的机制不断完善

乒乓球在中国拥有广泛的群众基础，被誉为"国球"。国家级的运动员一般都是由县、市、省等各级体校经过多年的精心培养而输送过来的优秀选手组成的。

2. 不断创新改革赋予中国乒乓球队以蓬勃生命力

在"快、狠、准、变"的基础上增加"转"，通过学习、掌握弧圈球发展来丰富中国的直板近台快攻打法，从用直拍反胶打快攻到运用两面不同性能的球拍主动进攻，并创新直拍反面击球技术等，这些都是中国乒乓球长盛不衰的主要原因。

---

① 钮力书. 近代以来粤侨与广东体育发展研究[M]. 广州：暨南大学出版社，2020.

3. 大胆起用新人，技术打法不断升级

中国乒乓球队经常大胆起用新人，比赛中出奇兵。随着新队员的加入，技术打法也在不断更新和升级。

4. 知彼知己，百战不殆

赛前中国队在训练中会将国外主要选手的技战术优点和缺点仔细进行分析，研究出周密细致的对策，并派专人模仿国外选手进行陪练。"知彼知己，百战不殆"是中国队比赛中取胜的关键。

中国乒乓球运动之所以在不断发展，并且越来越强盛，也促使世界的乒乓球技术进入更高的发展阶段，即速度、力量、旋转和变化紧密结合的阶段。这中间乒乓球运动规则也发生了很大的变化，主要包括以下几个方面：

第一，比赛用球变大，乒乓球由重 2.5 克改为重 2.7 克，直径 38 毫米改为 40 毫米。

第二，发球方面。发球时要求无遮挡发球，发球由每一方运动员连续发 5 个球进行换发球，改为连续发两个球进行换发球。

第三，在比赛的胜负方面。每局比赛由 21 分制改为 11 分制，一场比赛由三局两胜制或五局三胜制改为七局四胜制。

第二节 乒乓球运动的特点与价值

乒乓球运动之所以在我国拥有极高的知晓率和参与率，就在于这项运动有着其自身独有的特点以及其他运动不可替代的多种功能。本节就主要对这两方面内容进行分析，力求通过对相关问题的研究，以更加了解这项运动的本质。

一、乒乓球运动的特点

（一）器材设备简单

乒乓球运动是由两名或两对选手在一个长 2.74 米、宽 1.525 米、高 0.76 米的球台上进行的运动，台子可用任何材料制成，木质球台、大理石球台较为普遍，虽然台面厚度无明文规定，但是必须有均匀、合适的弹性。具体而言，使用标准

乒乓球从台面上方 30 厘米的位置落下，弹起 23 厘米，即视为合适。台面中心需安放一高度为 15.25 厘米网子，台面周围需涂 2 厘米宽白色线。双打比赛时，台面中央还要画一条 3 毫米宽的白线。球台虽然颜色不限，但是它的台面应表现出均匀的深色、无光泽，一般为墨绿色或海蓝色（目前大型赛事中海蓝色球台多配红色地面及黄色乒乓球）。

乒乓球这项运动对场地的空间要求相对较低，一般的场地尺寸是长 20 米、宽 7 米、高 4 米。它的面积仅为足球场 1/73、网球场的 1/7。这表明这个项目对于场地的限制相对较小，因此很多国家在很早之前就已经将乒乓球这一项目纳入了家庭生活中。

（二）球体轻，球速快

乒乓球是最小的球类体育运动，以往球体直径仅为 38 毫米，重 2.5 克。从 2000 年 10 月 1 日开始使用 40 毫米大球，球重 2.7 克。球应用赛璐珞材料或类似的塑料制成。在比赛中可以使用白、黄、橙三种颜色的球。

乒乓球和排球、网球、羽毛球、键球、藤球一样属于隔网竞技类运动，同时，乒乓球和网球，羽毛球一起被称为"三拍运动"。各类体育活动往往把乒乓球看作是"聪明人的运动"。该球以速度快、变化多、技巧性高、趣味性强而备受好评。其最大速度可达每秒 50 米左右，而其加转弧圈球可达每秒 176 转速，旋转方式达 26 种以上。另外，乒乓球具有体积小、速度快、变化多等特点，有利于运动员在极短时间内形成对瞬息万变的击球作出科学的反应和适应。

（三）广泛群众性

乒乓球运动对于参与者的身体条件的限制不是很大，年幼者、年长者、体弱者、伤残者等均可参加。历届中国乒乓球男子世界冠军级运动员的平均身高只有 1.72 米，女运动员平均身高只有 1.62 米，并没有与普通人的身高有很大的差距。世界著名的乒乓球运动员中，既有身高 1.90 米以上的高大者，又有仅有 1.50 米的矮小者。乒乓球运动的这一特点，为普通人提供了广泛的参与机会。

正因为乒乓球运动的设备比较简单，在室内外都可以进行，运动量可大、可小，不同年龄、不同身体条件的人都可以参加，因此，它具有广泛的适应性和较高的锻炼价值，比较容易开展和普及。

（四）娱乐健身性

乒乓球运动击球的技巧性强，运动的趣味性高，很容易被大众所接受，具有很强的娱乐性。

同时，鉴于乒乓球的运动节奏之快和变化性之大，练习者需要在短时间内对这种快速变化的击球有出色的反应和适应能力，这也是为什么它能带来很好的健身效果的原因。经常参与这种运动不仅可以提高人体的反应速度和协调能力，还能提高身体上下肢的活动能力。此外，它还有助于改善心脑血管系统的功能，促进新陈代谢，从而增强整体体质。此外，这也有助于培育人们的勇气、坚韧和果断的性格特质。

（五）竞技对抗性

乒乓球比赛设有单打、双打、团体项目。比赛双方运用的器材也是各有不同，打法多种多样，技战术复杂、变幻莫测，使比赛充满着适应与反适应、控制与反控制的矛盾，这对每一个参赛者来说，是非常好的考验以及锻炼的机会，可以培养运动员独立思考、单独作战及集体主义精神，通过比赛更能锻炼一个人的思想、意志。

二、乒乓球运动的价值

（一）具有提高身体素质的价值

坚持乒乓球运动会让全身肌肉和关节组织得到活动，能够在相应地提高了速度水平、力量水平和身体的灵敏性、协调性的同时，使肌肉更加发达、结实、健壮，关节更加灵活稳固，在整体上使动作的速度和上下肢活动的能力相应提高，从而在根本上提高运动水平。

总的来说，在乒乓球运动中掌握的动作越多，各种肌肉的发展越趋于协调，就越能够使人体反应加快、身手敏捷、四肢灵活、体型日趋健美。

（二）具有对心血管系统和呼吸系统进行改善的价值

长期坚持乒乓球运动，对心血管系统的结构和机能改善具有很大的作用。长时间的运动会使心肌变得更加有力发达，心容量加大，每搏输出量增多，一般健康成年男子安静时心率在 65～75 次/秒，成年女子为 75～85 次/秒。而长期坚持乒乓球训练的人，安静时，男子心率为55～65次/秒，女子为70次/秒左右。因此进行乒乓球运动能够使人心搏徐缓、血压降低，从而提高心脏的工作效率，使人的新陈代谢得到改善，进而从根本上使得整个身体机能水平得到提升。

（三）具有调节和改善人体神经系统灵活性的价值

在中枢神经系统增强过程中，机体其他系统器官调控功能随之提高，而其反应速度明显加快。乒乓球比赛中球的高速运动既能锻炼运动员快速判断的能力，又能促使运动员在短期内快速地制订战略，迅速调整节奏，并对击球位置与角度进行调整，以进行有力回击。这一切行动均由大脑指挥，长时间参加这类活动能明显提高神经系统反应速度。

（四）具有提高心理素质的价值

乒乓球运动是一项充满竞技性的运动，在这场运动中会有着激烈的竞争，也会有着不确定的成功与失败。正是这种充满不确定性的胜负，使得运动员的情绪也呈现出起伏变化。在乒乓球比赛中，运动员不仅要对自己的战术十分熟练并能应用起来，同时还要深入分析并理解、推测对方的战术意图，从而才能使得乒乓球运动员锻炼、提升自己的心理素质。

（五）具有促进交流，增进友谊的价值

积极参加各种乒乓球比赛，在比赛中汲取经验，并与队友积极分享，实现队友之间的互相学习、互相帮助，同时还可以学习先进的技术，共同提升球技。这将有利于乒乓球运动员建立良好的人际关系。

第三节　乒乓球运动的发展趋势

现代球类运动的发展速度极为迅猛。作为我国的"国球"，乒乓球运动的发展也是如此，在这一过程中它表现出了诸多发展趋势，这势必会对乒乓球运动的未来发展发挥指向性的作用。现代乒乓球运动的主要发展趋势逐渐表现为进攻更为积极主动、打法愈发凶狠，技能特长突出，技术全面无明显漏洞，战术更加灵活多变。

一、积极主动、打法凶狠

20 世纪 80 年代后，积极主动、打法狠是高水平乒乓球运动员必须具备的能力，这种技术能够使运动员加快击球速、加大击球力量、加强抢攻意识。同时，由于弧圈球技术非常受欢迎，发展很快，因此击球的力量、速度和球的旋转大大加强，使得运动员在比赛中一旦被动挨打便很难获得转机。尤其是发球、发球抢攻和接发球这三种传统意义上的"前三板"技术，争得主动、打法凶狠的一方获得胜利的可能性也就越大。所以，在现代乒乓球的发展当中，比赛更加趋向于先起板、多进攻的打法，强调打法凶狠，要争取对对方形成全面的控制。这是乒乓球运动主要的发展方向之一。

二、技能特长突出

特长突出是指运动员必须具备独特的拿手技术，也就是我们常说的"绝招"。对于一名运动员来说，特长越是明显，那么他也就拥有更多对方不具备的绝招，也就相应地拥有更强的技战术水平。乒乓球运动项目大多数是个人竞赛项目，因此个人技术的优劣对比赛的胜负起决定性作用。

三、技术全面，无明显漏洞

对于优秀的乒乓球运动员来说，他们不仅应当具备突出的特长，并且要做到在特长突出的基础上，对多种技术熟练掌握，从而实现没有明显的技术短板，做到"一精多能"。

技术全面、没有明显漏洞说来简单，其实有着深刻的内涵，以进攻性打法为主的运动员为例，他们往往也必须具备一定的防守能力。相反，以防守为主的运动员也不能够在进攻上一无是处。一个运动员前三板技术好，并不是说他在相持时实力上就要占尽劣势。发球以旋转为主的运动员，对发球的速度或落点也要加以钻研。会发短球的运动员也应在长球的发球上有着很好的技术来配合其技术长处。发球后能抢攻对方拉过来的上旋球的同时也能抢攻对方搓过来的下旋球，面对进攻型选手能打得很好，同时也要具备足够的手段来对付防守型选手，并且这些技术是优秀运动员不可缺少的。

由此可以看出，在欧洲以弧圈球为主，并且快攻结合弧圈球打法更加成熟，中国直拍快攻和直、横拍快攻结合弧圈球打法不断创新发展的情况下，乒乓球运动员如果想在成绩上取得更大的突破，必须做到技术先进全面、没有明显漏洞，前三板球能积极抢先上手，并且具备相持中争得主动的能力，方可在比赛中赢得主动权，乃至取得比赛的胜利。

第四节　乒乓球运动与现代社会的融合

一项运动的发展始终都要在社会环境中进行，它需要社会人的直接或间接参与。之所以乒乓球运动在我国开展得最为普及，收获了良好的运动效果，这一切都与这项运动与我国社会的融合度较高有莫大关系。本节将重点对这一问题进行研究，对乒乓球运动与现代社会中多种元素的关联度、融合度进行逐一分析。

一、乒乓球运动与价值观、竞争意识和竞争手段

（一）乒乓球运动与价值观念

乒乓球运动对价值观念的影响主要体现在以下三个方面：

1. 乒乓球运动对人们之间和睦相处有积极的促进作用

体育比赛中要求遵循公正的重要原则，因此，乒乓球运动过程中的交流是平等的，这对于人们之间的和睦相处与和谐的人际关系的建立非常有利。

2. 自由、愉悦和平等在乒乓球运动中得到充分体现

无论男女老少都可以参与到乒乓球运动中，来感受乒乓球带来的快乐；在乒乓球比赛中，人人都有获胜的权利，因此人们可以通过自己的努力来取得胜利，并尽情享受胜利所带来的欢愉。

3. 乒乓球运动对拼搏进取的人生观的形成有积极的推动作用

要想取得乒乓球比赛的胜利，不经历一二十年的艰苦磨炼是做不到的。这就需要运动员具备吃苦耐劳、持之以恒的精神意志，长期进行艰苦训练。

（二）乒乓球运动与竞争意识和竞争手段

竞争，就是为了某一方面的利益而与他人争胜。社会时时处处都存在着激烈

的竞争，这就要求我们必须形成良好的竞争意识，掌握科学合理的竞争手段。具体来说，应该做到以下几个方面的要求：

1. 竞争要靠实力

在乒乓球比赛中，遵循的原则只有一个，就是优胜劣汰，运动员的资历、年龄等因素对其没有任何影响。要想取得比赛的胜利，就必须通过各种方式和手段使自身的实力得到全面提升。

2. 竞争要体现公平

乒乓球比赛的机会均等。运动员参与比赛的一系列流程中都充分体现着公平。在比赛中，规则对每个运动员的要求都一样，都要求运动员公平竞争。

3. 从竞争中学会面对失败

任何比赛有胜利也有失败。每一项比赛，都只有一个冠军，这就意味着更多的人会有失败的感受。但是，一次失败并不意味着永远没有夺得冠军的机会，因此，应该学会在失败中总结经验教训，调整好心态，为下一次冠军的争夺做好准备。

二、乒乓球运动与协作意识、个性形成

（一）乒乓球运动与协作意识和协作能力的形成

1. 乒乓球运动与协作意识的提高

协作就是协调合作、齐心协力。协作意识是体育意识的基本内容之一。合作是人的一种气概和才能，能够增强协作生存能力。

协作精神在乒乓球运动中得到了充分的体现：练习过程中，如果没有队员之间的协作，就不会取得良好的练习效果；比赛中，只有场内选手与场外指导、双打中的队友相互协作，才能够取得好的成绩，争取比赛的胜利。因此，培养协作意识是非常重要的。但是，具备协作意识并不是一蹴而就的，而是需要经过长期的锻炼逐渐建立起来的。

2. 乒乓球运动有利于协作能力的提高

现代社会对人才的要求越来越高，良好的协作能力就是其中的基本要求之一。在现代这个整体全面发展的新时代，仅凭个人力量取得重大成就的可能性越来越

小。只有通过多人的相互配合与努力，综合利用各人的长处与优势，才能够提高实现重大科研的概率。同时，这些重大活动还要求每一个参与者都必须具备良好的协作能力。乒乓球运动是培养队员协作能力的重要途径之一。

（二）乒乓球运动与个性形成

一个人的性格是基于其生理和心理特点，在特定的社会环境中，通过不断的实践和经验积累，逐步形成的观念、态度、习惯和行为模式。更明确地讲，个性不仅仅是一个人在心理、生理和社交行为上的稳定属性的集合，它也是决定一个人是否能够适应社会或获得社会认同的关键因素。关于乒乓球运动与个性形成的关系，具体可表现为以下几个方面：

1. 乒乓球运动对个性形成有着积极的影响作用

由于乒乓球运动既需要人们有较高的体能和技能运用，又要有智力、情感和行为的参与。由此可以看出，乒乓球运动水平的提高是在练习过程中逐渐实现的。这一提高运动水平的过程也就是人们自我认识、自我改造的过程，同时也是个性形成的过程。

2. 乒乓球运动与约束能力的形成

乒乓球运动队伍的管理是借助于一定的管理体制的，非常严格。这就要求运动员无论是否取得优异的成绩，都必须遵守团队的管理机制，不能任由自己自由发挥，要使自己逐渐形成良好的自我约束能力。

3. 乒乓球运动与进取精神的形成

在乒乓球运动中，运动员要想取得理想的练习效果和比赛成绩，就必须具备较高的技战术水平和良好的心理素质，而这两方面条件的具备，离不开顽强、拼搏、进取精神的支持。这种进取精神对个性的形成与发展也具有重要的意义。

4. 乒乓球运动与道德品质的形成

乒乓球运动不仅会对人们的自我意识、自我约束能力和进取向上的精神产生一定的影响，而且也在一定程度上会对参与者高度的责任感和良好的道德品质与同伴合作意识有着积极的意义。

在乒乓球运动中，人们能够通过各种情感体验逐渐形成良好的道德品质。

5. 乒乓球运动与社会角色的形成

参与者在竞赛中结成的社会关系里所处的地位，就是社会角色。在社会中，人们以各种角色出现并由其角色而享受特定权利、履行相应义务，并遵守必要的行为规范。在乒乓球运动中，人们也能够体会到社会为社会角色提供的各种锻炼的条件和环境以及尝试的机会。

三、乒乓球运动与人际关系

人际关系的建立是对人与社会联系的反映。从社会学角度来说，对人际关系的改善产生影响的因素主要有：沟通能力、对身体语言的理解和使用能力、自我意识水平等。乒乓球运动又对这些影响因素产生直接影响。

（一）乒乓球运动有利于提高人的沟通能力

沟通可以使双方交流情感、思想。乒乓球运动要求必须有两个甚至更多的队员参与才能够完成，而且每一个动作都需要教练员的讲解和指导。这时候就需要队员之间、教练员与运动员之间进行充分的沟通与交流，否则就达不到预期的训练效果。这也是乒乓球运动之所以是提高人的沟通能力的重要途径的原因。

（二）乒乓球运动有利于提高人的身体语言的理解和使用能力

身体语言是人们交流的重要方式之一，是社交必备的能力。不同的身体语言所含寓意也有一定的差异性。在日常生活中，有身体语言参与交流和沟通，生活会更加丰富多彩。在乒乓球运动中，对身体语言的理解和使用能力一样都非常重要。通过此运动的锻炼，不仅能够增强参与者的协调性和柔韧性，而且还能够通过对内涵和外观统一结合的方式，使参与者的身体语言得到良好的培养，并使其在人际交往中发挥作用。

（三）乒乓球运动有利于自我意识水平的进一步改善

现代社会人与人之间的交往越来越含蓄，需要努力提高自我意识水平。在乒乓球运动中，保持良好的自我意识水平也具有非常重要的意义。教练员会对运动员进行相关的提醒与指导，但这并不是持续的，那就需要运动员具有一定的自我意识能力，时时刻刻提醒自己不断改进和提高自己的技战术水平与心理素质，并且对自己的社交技能进行客观评价与分析，从而从整体上提高自身的综合素质和能力，为乒乓球运动的比赛奠定坚实的基础。

四、乒乓球运动与现代生活方式

受现代社会快速发展的影响，人们的生活方式也呈现出越来越快的趋势，并且出现了一些问题，比如劳动量减少，导致城市"文明病"出现；人们在双休日虚度时光等。乒乓球运动能够使现代生活方式得到有效改善。

（一）乒乓球运动能够使工作带来的疲劳得到有效缓解

体力劳动逐渐减少，脑力劳动日渐增长，是现代生活方式的特点之一。脑力劳动产生的疲劳会对神经系统产生直接的影响，使神经中枢的反射速度和大脑皮层的工作效率大大降低。通过乒乓球运动锻炼，不仅能够使大脑皮层的紧张和劳累得到缓解，疲劳的神经系统得到休息，而且肢体的运动也能使紧张的精神得到缓解，全身的平衡性得到有效调节。因此，乒乓球运动对于疲劳的消除有重要意义。

（二）乒乓球运动能够对人们的生活节奏进行有效调节

在社会迅速发展的影响下，人们的生活节奏也变得越来越快。过于快速的生活节奏对人们的身体和心理会产生不利的影响，这就需要寻找合理的方式和途径来对生活节奏进行有效调节。由于乒乓球运动对人体神经系统和心血管系统有积极的影响，因此，经常进行此运动锻炼的人，通常反应比较灵敏，动作比较协调。经常参加此运动，不仅能够使人体对快节奏生活的应变能力和适应能力得到提高，而且还对人们克服对快节奏生活的抵触、恐惧、烦忧、焦虑等心理障碍有积极的改善作用，能够抑制身心的紧张情绪，从而使快节奏生活和工作带来的负面影响得到改变。

（三）乒乓球运动能够进一步丰富生活内容

在现代社会中，人们对生活标准的要求越来越高，物质需求的满足已经适应不了现代人们对生活质量的要求，这就需要为人们提供一些在闲暇时间进行的增进身体健康的运动，其中，乒乓球运动是首选项目之一。首先，乒乓球运动在技术上对难易、运动负荷的大小要求相对较低，且没有相互的身体冲撞，具有较高的安全性；其次，小球变幻莫测的飞行给人们带来了无限乐趣；再次，进行乒乓球运动锻炼，不仅能够缓解疲劳、增强体质，而且还能够联系情感、广交朋友、改善人际关系。

五、乒乓球运动与和谐氛围

自身工作、生活中周边环境的状况就是所谓的氛围。和谐愉悦的氛围，有利于愉快身心，精神振奋，能使人们在工作时感到轻松，生活觉得有意义。乒乓球运动对和谐氛围的营造有着积极的推动作用，具体如下：

（一）乒乓球运动中有助于结交挚友

乒乓球运动具有广泛的群众基础，参与者众多，在运动中，会接触到不同职业、不同年龄、不同性别的人。在长时间的共同锻炼中，大家会因为共同爱好而自然而然地熟悉和交往起来，这种人际关系中不涉及"目的"性和不良企图，这对于纯洁、亲密、融洽的朋友的交往意义重大。另外，在乒乓球锻炼中能够结交越来越多的朋友，和好朋友一起打球，这不仅有利于乒乓球技战术水平的提高，而且还能够充实生活，这对于工作和生活也具有积极的促进作用。

（二）乒乓球运动的特点有助于形成积极乐观的心态

尽管乒乓球运动是一项对抗性运动，但其却没有直接的身体接触。其比赛的实质为在一网之隔的情况下，双方在技术和心理上斗智斗勇，没有直接的冲撞。这一较为文明的运动项目能够使人心态平和，可以通过努力练习，提高个人的技术和战术、自身的身体素质，从而使技战术水平得到有效提高。经过长期的乒乓球运动练习，不仅能使参与者形成从自身找问题、找不足、找缺点的习惯，还有利于校正自我、认识自我、提高自我的心理模式的形成。

第五节　乒乓球运动教学训练原则、方法与理念

一、乒乓球运动教学的基本原则

教学原则是教练员组织乒乓球运动教学活动必须遵循的。乒乓球运动教学的原则是在长期的理论研究和教学实践中凝结出来的，对乒乓球教学起着极为重要的指导作用。下面就主要阐述几个较为重要的原则。

(一)直观性原则

在乒乓球教学中力求通过运动员的多种感官获得有效教学信息的传递,以此使运动员更好地对技术动作或战术演示建立和形成清晰的表象,从而提升教学效果,这就是乒乓球教学的直观性原则。

为了贯彻直观性原则,在乒乓球教学中常用有助于运动员直观接受的教学方法有示范法、多媒体演示法、技术分析法和口诀法等。在贯彻直观性原则时应注意以下几点:

第一,教练员在教学过程中的讲解要清晰明确、语言考究、声音洪亮,在关键点时要有语气或重音上的变化,以吸引运动员的注意力,便于他们快速判断关键点。

第二,教练员在教学过程中的示范动作要标准到位,特别是对重点难点动作要多重复几次,以示强调。

第三,教练员在教学过程中使用的不同手段都要选择与讲解相结合,并且在选择教具或视频内容时要与计划传授的内容相同或关联度高的内容。

第四,教学中教练员要对运动员出现的技战术问题及时指出,并对此做出直观的纠正指导,而做出正误动作的对比可以给运动员最为直观的感受,有助于他们改正错误动作。

(二)启发性原则

启发性原则要求教练员在教学中充分调动运动员的学习思维,引导启发他们自觉地学习乒乓球知识和技术,提高分析问题与解决问题的能力。

众所周知,要想学好一项技能,充足的求知欲和学习主动性是重要保障。为此,教练员在日常教学中就要潜移默化地激发运动员的求知欲和主动学习的态度,以此帮助他们建立起持续学习的动力,这就不能缺少对运动员思维的启发。在教学中常见的启发方式是有针对性地设问,设置的问题要引人深思、切中要害,问题提出后给予学生一定的思考时间,此后在详细讲授问题时教练员要因势利导,如此逐步使运动员的思考更加深入,最终将所有问题解开,此时也就获得了新的知识。

（三）实际出发原则

每名运动员都有自身的特点和基础运动能力。为此，为了实现每个人的技能增长，教练员就应根据运动员的个体特点选择适合他们的教学方法和内容。这就是乒乓球教学中的从实际出发原则，需要在教学中做到如下方面：

第一，教练员在组织教学活动前，首先要对运动员的基础水平、学习能力等有一个了解。

第二，在教学中，教练员要将一般要求和区别对待相结合，即教练员需要照顾到队伍中大多数运动员的提升上，但对一些特点鲜明的运动员要给予一定的关注。教练对于集体和个人的关注度要把控得当，不应忽视任何一方，特别是不应为了重点培养尖子队员而忽视了全队的整体提升。

第三，从实际出发原则还体现在对现有场地或器材的安排与使用上，以期使教学活动能够顺利进行，场地或器材得到高效利用。

（四）循序渐进原则

循序渐进原则要求教学始终按照乒乓球运动技能培养规律进行，以期使教学行为和运动员的能力增长呈现出逐层的、渐进性的状态。

由浅入深、由低到高、由易到难、由简到繁、由分到合和由主及次等始终是秉承循序渐进原则的根本思路。教练员务必要将这种思路融入所有与运动员能力提升的训练内容当中，如身体素质、技术能力、战术能力、心理素质、智能水平等。除此之外，训练负荷的安排也要循序渐进，适合运动员个体情况。教练员的教学要按照"学习—提高—巩固—再学习—再提高—再巩固"的循环模式进行，只有这样才能不断夯实运动员的基本功，并在特长技术的培养上有所突破。

有一点需要注意，运动员各方面能力的提升并不是线性的，而是有阶段性的特点，即在某一时期的训练中技术能力上升较快，但战术能力进步缓慢等。鉴于这种特点的存在，在日常教学中一方面要注重按照教学计划开展教学，另一方面还要注意观察运动员的技能提升点在哪个方面，然后因势利导、抓住关键、重点提升。

（五）精教乐学原则

精教乐学原则的本质就是教练员在教学中要做到因势利导，尝试新的语言讲授、教学组织、内容选择等方面的新方法，以激发运动员的学习兴趣和参与热情。为了贯彻好精教乐学的原则，在教学中应做好如下几点：

第一，教练员在教学中的主导作用要格外突出，要想做到精教乐学首先就要完善自身，而且要不断学习和提高自己的理论知识水平和注重吸收经验。一名优秀教练员可以为运动员树立一个良好的榜样作用，更容易让他们选择正确的前进方向。

第二，教练员要提升自身对教学活动的组织能力和控制能力，自身也要做到言行规范，展现出良好的精神面貌。教学过程中应极力避免随意、松垮等状态的出现，这会使得在运动员心中的良好形象大打折扣。

第三，鉴于每名运动员的实际情况不同，他们"乐学"的点也就有所不同。这就要求教练员要善于观察和研究运动员，还要保有高度的事业心和责任感，对一些运动员区别对待，单独制定教学方法和让他们更好融入教学的方式。对于能力稍弱的运动员不能放弃和嘲讽，而是要不断鼓励，使运动员能够感受到被关注、消除失落感。

（六）积极主动原则

学习是一种主动性极强的提升自我的行为，只有在这种主动性存在且程度较高的情况下，学习效果才能获得保证。所以，在乒乓球教学中教练员应该注重提升运动员学习的自觉性和积极性。为此，在贯彻自觉性和积极性原则时应注重对运动员思想的教育工作，特别是让他们明白教学的意义和目标是什么，这有助于他们端正学习态度，自觉勤学苦练。此外还应保证教学内容的合理性，始终让运动员处在最近发展区内，看到自己一点点的进步，获得学习成就感和学习自信心。

（七）理论与实际相结合原则

尽管乒乓球运动是一项实践性项目，日常的教学主要传授的是运动技能内容，但由于乒乓球运动涉及众多学科的知识，因此，掌握必要的理论知识也是非常必要的，这无疑有利于运动员将理论与实践互相证明，深入理解乒乓球运动的本质规律，为进一步提升技能打下基础。为此，教练员就要仔细研究教学内容及内容与内容之间的联系，力求发掘其中可以使理论与实践相结合的点，在教学时讲授其中的理论知识，并以直观的方式展现出来，如此才是贯彻乒乓球教学中理论与实际相结合原则的正确方式。

二、乒乓球运动教学的基本方法

（一）语言法

语言法，是指通过语言指导运动员学习理论或技能的方法。语言法对于包括乒乓球运动在内的体育运动教学来说是至关重要的一种方法。体育运动中的许多技能无论是对于动作的表面形态还是内在关联都是非常复杂的，为此教练员除了做好示范外，更重要的是还要讲解到位。这种教学方法的优势在于通过教练员的讲解能向运动员传递有关信息，让他们对运动产生思考，最终形成对技能的正确认知和动作。此外，通过技巧化的教学语言还能活跃教学气氛和激发运动员的学习积极性，进而保障教学效果。在乒乓球运动教学中，语言法运用的具体方式主要有讲解法、口令与指示法和口头评价法。

1. 讲解法

讲解法就是教练员通过语言给运动员说明教学有关的一切内容和指导运动员进行运动技能学习的方法。在乒乓球教学中，教练员使用讲解法最多的地方在技战术学习初始阶段，这里使用到讲解法主要是想首先向运动员传递正确的技战术理论和动作表象与动作内涵。因此，讲解的准确性就是能够达到良好效果的关键。

（1）讲解要抓住重点，简洁生动

乒乓球运动理论知识和技战术技能中有很多重点难点内容，对于这部分内容的讲解教练员要注意突出。对于一些不易理解的内容可以尝试引申运动员们经常见到的表象与技战术联系起来，用以辅助理解。如此不仅能让他们更快地理解教学内容，还能提高他们的学习信心和激发他们学习的主观能动性。

（2）要有启发性地进行讲解

教练员的讲解除了要有直观性外，还要带有一定的启发性，让运动员在听取之后产生思考，启发他们的运动思维，激发他们联系知识点和不同技术的能力，如此可以做到举一反三，大大提升教学效果。由此可见，教学讲解的启发性要求使讲解升华成了一种艺术。

（3）要明确讲解的目的

在乒乓球教学中，教练员的讲解务必要明确其目的。在这个基础上再行决定讲解的内容、方式、节奏等，如此可以更加突出教学的重点与难点，做到有针对性地讲解，更能使运动员清楚所学内容。

（4）讲解的内容要易于运动员接受和吸收

在运动教学中，有很多技战术较为复杂，不易被理解。为此，教练员在针对这部分内容的讲解中就要注意一些技巧来"肢解"难度，将复杂的问题简单化来讲解，以使运动员们能够很快理解技战术要求。但这对教练员的能力和讲解艺术有一定的要求，即既要将内容讲解得容易被理解，还要保证内容不脱离原先的本质含义。另外，讲解的方法和手段要符合运动员的基本能力，能为大多数运动员所接受。

（5）准确把握讲解的时机与效果

讲解的时机对于讲解是否取得良好效果起到较大作用。这个时机通常是运动员出现动作失误或重点难点时候立刻讲解，有时甚至需要叫停动作来详细讲解。时机把握要及时、准确，这样才能让运动员更加清楚问题所在。这就是好的讲解时机，效果也必然不错。

2. 口令与指示法

口令法是当教练员明确讲解内容后以命令的方式指导运动员学习运动技能的方法。指示法则是组织指导运动员活动的方法。无论是使用口令法还是指示法，都要求发号施令的教练员重点词、重点语突出，节奏起伏得当，另外还需要声音洪亮、语言准确和口齿清晰等。

3. 口头评价法

口头评价法是以教学标准和运动实践效果为根据，对运动员的技能学习情况以口头方式进行点评的方法。口头评价法的使用要秉承鼓励为主的原则进行，即便要使用负面评价时也要仔细考量语言的程度、表达方式。最重要的是，在口头评价的最后一定要能明确运动员下一步学习的方向。

（二）直观法

在乒乓球教学内容中有大量复杂的技战术动作，对这些内容的教学除了要以语言精准表述外，还应使用一些教具来将运动员的诸多感受器官联动起来，使其可以以更加直接的形象感知动作。常用的方式主要有下面几种：

1. 动作示范法

示范人通常为教练员或被指定的动作技术能力良好的运动员。由他们做出的示范可以使运动员通过表象更加直观地获取动作信息，初步了解动作结构、顺序和重难点。在做动作示范时应注重准确性高、展示详细、客观真实、有针对性等要求，并且要适时与讲解充分结合，这样才能使示范达到最佳效果。

2. 多媒体演示法

现代多媒体技术已经在很多领域中有成熟的运用了，将其引入到包括乒乓球运动在内的运动教学领域中的意义也是非常大的，而且确实能够提高教学效率。在教学中运用较为广泛的多媒体设备主要为各种视频现象技术，借此可以给运动员展示细节和精准的动作，并且现代的视频技术也支持回放与高倍速的慢放。在使用多媒体设备放映视频时，仍旧需要与适时的讲解相配合，以使效果更佳。

3. 助力与阻力法

助力是在技术动作学习过程中给予运动员一个辅助的力，使其能更容易地领会动作结构和重点的方法。而阻力则是在技术动作学习过程中给予运动员一个与完成动作相反的力，给动作的完成带来一定困难的方法。无论是助力还是阻力，其本质都是想通过运动员的触觉和肌肉本体感觉体验正确的动作用力情况，从而正确掌握动作的一种直观方法。

4. 定向与领先法

教学中使用的定向法是以相对静态的具体视觉标志给运动员指示动作方向、幅度、轨迹、用力点等的直观方式。而领先法则是以相对动态的、越前的视觉信号，给运动员以刺激与激励，以利于他们完成动作的直观方式。将这两种教学方法结合使用在教学中是最为常见的，教学效果也更好、效率也更高。这种方法的关键环节就在于要在教学内容的指导下设置恰当的视觉标志。

（三）完整与分解法

1. 完整法

完整法是对某一项动作的教学从开始到结束一贯完成的教学法。在大多数技战术教学中都会使用到这种方法。从具体使用情况来看主要有三种：一是对那些难度较小的动作；二是对那些难度较大，但其中环节紧紧相扣不适宜分解的动作；三是对那些虽然复杂，但运动员的运动能储备较多、学习能力较强时的动作。完整法在运用时可以根据情况直接运用，或是在强调重点的过程时使用以及在改变外部练习条件时使用。

（1）直接运用

直接运用主要针对那些简单动作，对这些动作的教学只需要教练员首先进行讲解，然后示范，此后运动员便基本可以直接做出且质量尚可。

（2）强调重点

许多动作中包含了诸多环节，这些环节如果只是在外在形态上看容易被忽视。为此，在教授一些较为复杂的动作时，虽然可以让运动员完整完成，但在动作来到重点难点环节时教练员要及时指出，要求运动员注意。

（3）改变练习的外部条件

为了让运动员更容易地感受到技术动作的完整连贯，可以适当降低一些动作的难度来实现，如为了使运动员更好地体会弧圈球的完整动作，可以先从攻球的完整动作开始，然后再在动作中逐渐增加摩擦的成分，最终体会到弧圈球的完整动作。

2. 分解法

分解法是将技术动作按照动作逻辑、阶段、特点、过程等因素进行拆分，逐个教学，最终拼合成完整动作的方法。分解法的使用需要注意以下几点：

第一，分解动作的方式要以动作特点为依据。这里的动作特点可以是不同动作环节的顺序、身体部位的空间位置以及动作不同结构的时间空间的结合阶段。

第二，对于动作的分解要与动作中不同段落或部分之间的联系相关联，并且保证分解后的各部分最终不会与完整动作有区别。

第三，明确被分解的部分之于完整动作中的意义与作用，且在进行分解练习时就要考虑好每个环节的组合方式，力争做到将分解的部分相连接后没有动作脱节和衔接不畅的现象。

第四，分解始终要建立在完整动作的基础上来进行。无论以何种依据进行的分解，最终都要回归到完整动作，要一贯秉持分解是为了最终的完整过渡的思想。

（四）预防与纠正错误法

预防与纠正错误法，是在动作教学进行前预先对运动员可能做出的不符合标准的动作制订干预手段，并在错误出现时立刻纠正的方法。通过这个教学方法的定义可知，预防与纠正是两个先后进行的环节。预防是在教学之前，对运动员可能出现的错误加以提醒，让他们在即将开始的学习中记住有关提示，从而尽量避免错误发生。纠正则是在学习进行中做出的实时干预，以将错误立刻解决。但两个环节只有加以结合，形成一个完整的教学方法体系，才能发挥出这种教学方法的最大效果。

三、乒乓球运动教学理念的创新

（一）充分运用身体力量

现如今，我国乒乓球运动员的主流打法为快攻结合弧圈。这种打法能够取得优势的关键还在于在技术上要求动作幅度小、正反手摆速快且正反手技术没有明显漏洞。在这种风格的要求下，运动员普遍更注重前三板的质量和提升中近台技术的质量，然而一旦在前三板中不能解决战斗，陷入相持阶段后，我国运动员的优势将不再明显。究其原因则在于日常对身体力量的调动和运用以应对中远台技术的训练占比较少，中远台身体的舒展程度和有效发力都没能展现。而在现代乒乓球的规格进一步增加到"40+大球"的时代下，运动员能够充分运用身体力量就成了能否掌握比赛主动权的重要因素之一。

为了能够充分运用身体力量，首先应考虑从改进技术动作的结构入手，具体要做到以下两点：

（1）注意前臂的收缩作用

在乒乓球攻球和弧圈球等进攻型技术中，为了增加击球的力量效果，应更加注重对前臂快收动作的重视。这是一个技术细节的问题，快收的前臂有助于提升发力的集中性，减少挥拍过程中的力量损耗。而注重对前臂的收缩动作还有助于提升动作的稳定性。为此，运动员在日常的技术训练中应注重培养这一动作，并且要强化撞击球的意识，力争打磨结合比各半以及增加主动发力击球的概率。

（2）注意技术动作的舒展性

随着"40+大球时代"的到来，中台甚至中远台相持球的局面越发增多，过往仅仅依靠小幅度发力就能杀板的情况越来越少。为了在中台或中远台仍旧保持高质量击球，就需要适当协调身体各部位完成幅度更大的击球动作，这就对身体的舒展性有了一定要求。而这种舒展性必须是在不破坏技术动作结构的情况下实现的。因此，以攻球动作为例，就应该实现蹬腿、转腰、转髋带手各个环节的幅度放大，同时还要充分发挥重心转换带来的辅助发力作用。

（二）速度与旋转的融合

在"40+大球时代"下，乒乓球的速度和旋转都有了不同程度的下降，使得以往那些注重速度或旋转的运动员都受到了限制。但不管怎样，乒乓球的速度与旋转仍旧是占据主动局面所必需的。为此，在新时代下就需要将速度与旋转结合起来，两者并重，才能继续保持优势，忽视哪一项都将出现技术短板。

乒乓球技术始终处于发展之中，其中许多技术都强调出球的速度与旋转，但在现在看来，这种速度与旋转紧密结合的要求已经大大超出过往的认知。过去很长一段时间，两面较为均衡的横板选手的反手由于生理构造的缘故难以像正手那样发出较大的力，对于反手位的击球多为挡、拨、带，这种技术使得回球即便有速度但也缺乏旋转。而在现代速度与旋转结合的要求下，增加了摩擦，形成了快撕技术；再如过去起下旋球时经常用到的加转弧圈技术，在新要求下增加了更多撞击的力量，这样对方就难以抓到反拉加转弧圈的机会。

（三）全方位的立体作战

所谓乒乓球运动的"立体作战"，主要表现在如下方面：

1. 近台争夺激烈

对于在乒乓球运动这种控制与反控制的项目中，双方的控制往往会从近台开始，如在台内控短或突然劈长。然而现代乒乓球运动在近台的争夺一改过往从下旋球开始，而是直接从台内上旋球开始争夺，这无疑使双方对近台的争夺更加激烈了。下面就主要以发球抢攻和接发球抢攻战术为例，以此对近台争夺的常见方式进行分析。

（1）发球抢攻

在大球时代到来后，由于球的旋转下降，使得发球的威力相比过去大为减弱。在旋转减弱后，为了保证发球的质量就要格外注重落点的变化。这种情况下的发球抢攻战术以发对方正反手小三角的转或不转或上旋球为主，诱使对方运用台内技术先上手，但迫于落点所限，对方可能无法击出高质量的球，然后本方借机反撕转攻。

（2）接发球抢攻

对于大多数运动员来说，正手的使用率仍旧高于反手，所以在接发球阶段多使用正手，即便对方发来的球落在反手位，也更多采用侧身正手回接的方式接球。正手可以运用更多的技术用来控制或抢先上手，大球时代发球旋转减弱，且对方发球出台的概率更高，这就给接发球抢冲带来了机会。相比于接发球以控制为主的战术思想来说，接发球直接抢攻无疑对对手的威慑力更大，在任何战局阶段中都可以使用。

2. 反手进攻加强

在我国乒乓球技战术体系的思想影响下，我国大多数乒乓球运动员在技术环节上更多依赖正手，这是由于正手的发力更充分，灵活度也更高，即便一些优秀选手也力求反手技术的全面，解决了反手的固有短板，但总体反手还是以控制和过渡为主，杀伤力较差。这样的传统技术习惯在现代乒乓球运动中开始遇到困境。现代乒乓球对每个回合比赛的竞争都异常激烈，双方都妄图抢先上手以拿到这一回合的主动权，如此就要求他们必须做到进攻全台无死角，甚至在台内都要通过挑打和拧拉技术率先上手。这必然就对反手技术的主动性和杀伤力有了更高要求。

3. 攻防转换意识增强

我国在乒乓球技战术哲学中一直秉承着注重前三板的思想。所谓的前三板是由发球、接发球和抢攻三个部分构成的一个战术体系。这在过往乒乓球比赛中确实是制胜法宝。然而随着乒乓球运动的发展，规则和器材规格等都发生了不小变化，再妄图只通过前三板就解决战斗的情况越发少见，相持回合的增多已经成为常态，这些都迫使原先的前三板战术思维要做出改变。回合的增加使得双方运动员出现一个回合内交替获得主动权的情况，为此现代乒乓球就应该更加注重控制与反控制两面，具体说就是要强调进攻与防守的灵活转换。

"40+大球时代"的乒乓球相持回合的机会更多，过往那种仅凭借超高质量的单板过的情况越来越少。这种情况下，很多运动员直接将送对方正手位球作为战术的一部分，这种看似让对方先上手的局面实际上带有丰富的战术陷阱。送到对方正手位的球被对方击打或拉起，使本方下一板回球质量成为这一回合比赛战术执行的关键，这里要求的就是运动员"接、防、反"一体化的战术能力，即要首先抵挡住对方的第一板上手，然后看似是防守的技术中隐含着反攻的侵略性。

为了在这种攻防转换环节中获得反攻的机会，反拉技术就凸显了重要性。这项技术的实际运用可以为发长球后侧身反拉对方的弧圈球；发半出台转或不转球，诱使对方拉加转弧圈后反拉等。

四、乒乓球运动训练的基本原则

乒乓球运动训练的内容较多，涉及所有与这项运动技能提升的诸多方面，最直接的包括如技战术的训练、心理训练以及智能训练。通过对这些相关知识的分析研究、对乒乓球训练客观规律的认识以及不断在实践中获得的经验，最终总结出了针对乒乓球运动训练的多项基本原则，只有遵循这些原则，才能使训练变得高效，收获理想的效果。

（一）系统性原则

系统性原则，是指从训练开始到最终结束运动生涯的训练过程都要满足前后连贯、紧密相关而不中断的要求的原则。几乎所有从事竞技体育运动的运动员的运动技能的提升都不是短期就能实现的，它是一个长期的生物适应过程。为此，就需要持续地、渐进地对机体进行训练，让身体素质、神经机能以及一切与运动技能提升有关的单位适应运动所需。

就乒乓球运动员来说，只有通过接受8年至10年时间的训练才可能达到预期的水平，其中不应有大的间歇，否则在间隙中运动能力发生的退化会消耗更多的训练时间才能补回。这种消退现象不仅表现在体能上，而且还包括对技术与战术的掌握和运用上。因为通过训练所获得的技术和战术能力，其实质是神经系统的暂时性联系，训练一旦中断，平时经常接收的神经联系便会减弱，进而导致条件反射消退、动力定型被破坏。再有就是乒乓球运动对运动员的身体素质、技战术能力有较高的要求，这些能力中的很多内容的衔接非常紧密，有着特殊的结构程序和内部联系，这一特点也要求训练必须系统、有序。系统性原则的贯彻过程要注意负荷的增加要呈现循序渐进的特点，如此更有利于持续提升技能水平，要保证训练的内容、手段和负荷之间存在内在联系，即使其是环环相扣的，并且系统性原则要求训练计划是全年的，甚至是多年的，并且每个单位的周期之间的训练内容都有关联。

（二）周期性原则

周期性原则是较为重要的乒乓球运动训练原则之一，之所以如此是因为乒乓球运动训练的结构本身就呈现出周期性特征。乒乓球运动与许多运动项目一样，本质上就带有一种周期性的规律。

一名运动员能否获得良好的成绩与其状态起伏有很大关系，这个状态并非一直稳定在某个程度上，而是会根据多方面原因出现幅度不同的波动。当运动员处于波动的顶端时，表现出竞技状态全面良好，容易打出超水平的比赛，而一旦状态进入到波谷阶段时，运动员就会感到各种心理上、生理上的不顺，实力发挥甚至低于自身的能力。对于竞技状态的获得、保持和消失来说，是呈现出周期性特点的，波动一定会存在，但会由于不同运动员的各方面素质不同，波动的幅度不同，这是人体的生物性保护本能决定的。

因此，当运动员经历了好状态一段时间后，必然会进入一个状态渐退至消失的阶段。决定这种周期性特征的还有人体机能的周期性循环过程，训练的过程与提升机体素质的过程非常类似，都是遵循一个"负荷—疲劳—恢复—提高"的循环往复步骤。首先是给予负荷，由此导致能量物质的消耗，然后又通过恢复使能量物质再生，人体机能恢复之后又进而通过超量恢复使机能获得提高。如此当一个过程结束后，就会积累下一次继续提升的"能量"，力求在新的高度上适应新的负荷。运动员需要参加的比赛很多，这些比赛在全年汇总下来也形成了一定的周期性特点，根据比赛的时间安排给运动员安排适量的训练也是稳定他们状态的重要手段。

为了更好地遵循周期性原则以提升训练质量，教练员和运动员都应该对训练周期的类型与组成有所了解，在训练安排上以比赛日期为依据，注意周期间的衔接、比赛间的衔接。

（三）按需训练原则

提高运动员的竞技能力是乒乓球运动训练的根本目的，这个目的也就是运动员训练的需求，为了满足这个需求，训练就要符合乒乓球运动规律以及与实战相结合，以此采取科学的训练方法。然而决定运动员竞技能力的因素是多方面的，涉及形态、机能、素质、技术、战术、心理和智力等。为此，在训练前需要首先了解运动员的这些因素的程度,只有做到针对性较强的训练,才能避免训练的盲目性和低效性。

现今乒乓球运动的发展趋势逐渐也对乒乓球运动员的身体形态有了一定的要求,这在过往看似并没有那么突出。实际上,对于运动员身体外在形态的要求无非也是为了有利于他们的技战术发挥,更能适应乒乓球运动的发展规律。乒乓球运动虽然不像足球、田径、游泳等项目对作为"硬核"的体能有极高的要求,但是乒乓球运动员同样需要具备一般和专项身体素质,特别是乒乓球运动规则和器材规格的多次变革都要求运动员要具备更好的力量素质才能获得优势的局面,再加上乒乓球赛事的频繁,对运动员提出了更高的要求。运动员的训练需求主要在技战术方面,但这种提升要始终围绕在结合实战的基础之上,否则就会产生更多的"训练型"球员。心理因素也是运动员的训练需要,特别是在高水平比赛中,双方的技战术能力不相上下,决定比赛胜负的就是心理素质了。拥有稳定的心理素质可以在面对各种局面时都能保持镇定、冷静思考、决策正确,这点对于11分赛制来说更为关键。

（四）适宜负荷原则

适宜负荷原则,是指训练中安排的负荷要以运动员的实际情况为依据,在训练中给予相应量度的负荷,以期使负荷既能满足训练最近发展区的要求,又不会造成大概率运动伤病的发生的原则。乒乓球运动与其他多数体育运动的训练模式有很多相同之处,训练的过程都遵循着一个"负荷—疲劳—恢复—提高"的循环过程。适宜的负荷对于运动员疲劳积累有减缓作用,并且在训练后对于疲劳的恢复也更加有益。训练的负荷并非是无穷尽地越大越好,它始终需要在一个度的范围内,只有在这个度的范围内追求较大负荷,才能最大化地提升技战术、体能等层面的能力,否则不仅不能达到良好效果,甚至还会给运动员带来伤病困扰。

所谓适宜的负荷没有一个统一的标准,唯一的标准就是运动员的实际身体状况和对训练的接受能力,这是基于每位运动员区别性而来的,如此就注定了没有一个训练计划可以用在许多运动员身上都能取得良好效果。

这里所提到的负荷包括负荷量与负荷强度两种。负荷量的表示主要为某项训练的次数、时间或距离等,而负荷强度的表现方式则为训练的速度、密度或难度。

这两种负荷之间的关系是辩证存在的，哪一种负荷的存在都是建立在另一种的基础上，同时自身又都给对方施加一定的影响。

在具体实践中，应注意从实际出发，循序渐进、有节奏地增加训练负荷，直至在合理范围内的最大限度，同时还要注意运动员在经历较大负荷训练后的身体恢复情况，指导正确的身体恢复方法。

（五）统一性与针对性原则

乒乓球运动大多是个人项目，但多数运动员在训练中也是存属于某个集体之中，以便与更多的人对打练习。针对这个特点，教练员在安排训练的时候既要注意到全队需要解决的共同问题，又要注意个别运动员的特殊情况，并应尽量使两者结合起来。

为此，较为常见的做法为将一个训练单元划分为两部分，一部分为统一练习，另一部分为个人的针对性训练时间。在统一练习中教练员统一安排训练内容，所有人遵照练习。在个人针对性训练中，教练员要根据运动员的自身特点、打法等情况安排给运动员不同的训练内容，如突出其优势的战术组合训练，或是弥补其弱点的技术训练等。为了使个人训练更有针对性，教练员要了解每名运动员的情况，这需要他们在日常训练中密切关注运动员。

（六）训练与比赛结合原则

乒乓球运动的训练是为更好地比赛而服务的。为此，在训练中就需要结合一些比赛来发现训练中的问题与不足，进而调整训练内容、方式等元素来完善自身。

对乒乓球运动的训练与比赛相结合原则的理解主要包含两方面：一方面是训练要以比赛作为目标，训练要求围绕实战进行；另一方面是将各种比赛作为训练的一种手段，也就是所说的"以赛代练"，比赛的形式有测试赛、训练赛、友谊赛等。

训练与比赛结合原则在遵循过程中应注意的几点有：对于初学者来说安排的比赛不宜过多，比赛多少的安排要适当。过少的比赛不能起到检验训练水平和暴露问题的作用；然而过多的比赛则会降低运动员对比赛的兴奋度。正确的安排方式为在训练期的前段，多以提高技术或弥补缺点为主，在训练期后段或赛前训练，应不断增加战术训练的比例，此时才是适当增加比赛次数的阶段。

五、乒乓球运动训练的基本方法

（一）多球训练法

多球训练法在乒乓球运动中的运用范围非常广泛，大多数技战术内容都可以用这种方式训练。所谓的多球训练法，是在训练中使用至少两个或若干个球进行重复性训练的方法。这种训练法的效果非常显著，几乎在所有运动员的训练中都会使用。根据训练形式的不同，多球训练法还可以分为多球单练和供多球训练两种。多球单练，是运动员在球台旁放一筐球，做单球训练的方法，这种方式较多用于练习发球。而供多球训练主要有自供自练、他人供球训练以及机器供球，这种训练在进攻型技术和控制型技术中最为常见。

多球训练法在单位内可以击打到更多的球，运动员会承担较大的负荷，因此非常有利于形成技战术固定动作，尽快将技术过渡到自动化阶段。在运用多球训练法时应注意协调供球密度与难度，如在正反手摆速的训练中，理论上供球的速度应高于正常比赛的速度，但这需要在运动员打好基础后逐渐提速，切勿在一开始就求多求快。

（二）指标训练法

指标训练法，指以完成规定指标为阶段性目标的训练方法。在乒乓球运动训练中通常参与训练的有一名运动员或两名运动员，为此，相应的指标训练法也就有了单方指标和双方指标之分。顾名思义，单方指标训练就是某一方运动员完成的指标要求，双方指标训练则是双方共同完成的指标要求。

指标训练法在乒乓球运动训练中的最大意义在于，它是一种可以有明确量化标准的训练，由此得到的定量反馈有利于训练效果的评定。再加上这种方法的刺激性强，可有效调动运动员的训练积极性，因此在实际训练中也有较高的使用率。为了使这种训练方法得到更好的效果，就需要在确定指标这个环节上有所考量，这个指标的确定始终要以训练目的为依据，并且尽量将指标的负荷设定在运动员的最近发展区中，基于此制订的指标训练才能得到科学的、有益于运动员技能提升的效果。

（三）比赛训练法

比赛训练法是乒乓球运动训练中常见的，也是必不可少的一种训练方法。所谓的比赛训练法就是将不同性质的比赛安排在训练中的方法，常见的比赛法有以下几种：

1. 适应性比赛

适应性比赛的安排目的为让运动员对即将参加的比赛中的一切环境有一个提前的适应，这些环境主要是外部的，如赛制情况、比赛用台、比赛用球、地胶颜色、观众风格、海拔情况等。

2. 特定技战术比赛

特定技战术比赛的形式有很多，另外还可以根据自身的技能提升需求来专门制订几种特殊比赛方法。

（1）限定特殊技术比赛

这种特殊比赛的目的在于着重提升运动员运用某项技术的意识和能力，如以提升运动员正手攻球能力为目的的话，可以要求比赛中除台内短球外必须使用正手攻球技术回接球；为提升接发球能力，还可以安排比赛中所有发球由对手进行等。这样的特殊比赛方式有助于突出训练的重点。

（2）发球抢攻比赛

这种特殊的比赛还可以细分为3板、5板或7板板数限定的比赛。以5板板数限定比赛为例，即发球运动员从发球开始的第1板到第三次触球的第5板内就要结束战斗，如果第5板后还没能赢下这一回合，即算负。这是一种带有极强战术要求的比赛方式，可以极大提升运动员的前三板应对能力。

（3）关键分比赛

关键分比赛一般从8比9、9平或10平的比分开始。如此安排有助于提升运动员在面对关键分时稳定住心理状态和技术发挥。

六、乒乓球运动的科学训练理念

包括乒乓球训练在内的一切体育运动训练都需要在一个正确理念的指导下才能展现出优秀的训练效果。近几十年来，乒乓球运动的发展速度飞快，其训练理念也随之处于不断发展之中，这些理念无不包含了科学化特点。

（一）"学其所长"

"学其所长"的理念归根结底源于我国推崇的乒乓球竞技发展的"百花齐放，

以我为主"的理念。即便到了我国乒乓球运动独霸世界的今天，也依然秉承这一理念，继续对我们的一些主要对手进行不断研究，特别是对外国那些有潜力的新生代运动员进行研究。除了对他们的研究之外，还会吸取他们的长处，以此来检验我们的运动员是否有能力应对。然后在此基础上，突出"以发展运动员为主体"的思想，创设符合运动员自身情况的乒乓球训练方法。

（二）技术创新

对于任何一项体育运动来说，毋庸置疑创新是始终走在运动最前沿所不可或缺的。创新也是乒乓球运动科学化训练的核心与灵魂，创新的训练可以体现在训练理念、训练模式、训练方法和训练评价等方面。

在我国乒乓球运动历史上就曾经出现过多次重要的创新，凭借这些创新使我国运动员在赛场上出奇制胜，获得技术等方面的优势，取得不少优秀成绩。

（三）明确训练与相关因素之间的关系

1. 运动负荷与技术训练的关系

只有在适当负荷的状态下，运动训练才能实现对运动员技能或体能上的提升作用。为此，在进行乒乓球训练时要将适宜负荷原则贯彻始终。而乒乓球运动所具有的特点对运动员的灵敏性有较高要求。为了满足这个身体素质方面的要求，就应该在训练中侧重安排一些提高运动员神经肌肉系统灵敏度方面的训练，以此使运动负荷与运动技术特点紧密相连。

2. 训练和比赛的关系

"练为战、不为看"是训练目的的最好解释。现代乒乓球运动训练更注重赛练结合，如此可以让运动员在训练的同时找到不足和努力方向，同时还能积累比赛经验。由此可见，训练与不同类型的比赛有着莫大的关系，经验丰富的教练员可以根据比赛的类型而对训练进行特定安排，对原定的训练计划作出一些调整，以实现在比赛期时将运动员的状态调整到最佳。

第二章　乒乓球运动的训练常识

本章详细介绍了乒乓球运动的基本术语，乒乓球的站位、握拍方法和步法，乒乓球运动的环节和动作结构，乒乓球运动的力学原理，乒乓球运动打法分类。

第一节　乒乓球运动的基本术语

乒乓球运动从诞生至今，经过历史的变迁，逐渐规范了乒乓球运动的基本术语。乒乓球运动基本术语是在教学和传授乒乓球技艺中专门使用的语言。

一、站位

（一）近台

近台指站位在离球台端线 30～50 厘米的范围。

（二）中台

中台指站位在离球台端线 70 厘米左右的范围。

（三）远台

远台指站位在离球台端线 100 厘米以外的范围。

（四）中近台

中近台指介于近台与中台之间的站位，离球台端线 50～70 厘米的范围。

（五）中远台

中远台指介于中台与远台之间的站位，离球台端线 70～100 厘米的范围。

二、击球时间

击球时间是指击球者球拍触球瞬间球体在空间所处的时间,包括对方来球到本方球台落台后反弹跳起或者从发球人手中抛起后开始到回落到地面的过程。

对初学者来说,击球时间可分为上升初期、上升期、高点期、下降初期、下降期五个时期,如图 2-1-1 所示。

(一)上升初期

来球从台面弹起后上升的最初一段过程称为上升初期。

(二)上升期

球从台面弹起或从发球人手中抛起到接近最高点这段过程称为上升期。

(三)高点期

球从台面弹起或从发球人手中抛起后球处于最高点的瞬间称为高点期。

(四)下降初期

球从高点期回落下降的最初一段过程称为下降初期。

(五)下降期

球从高点期回落至地面这段过程称为下降期。

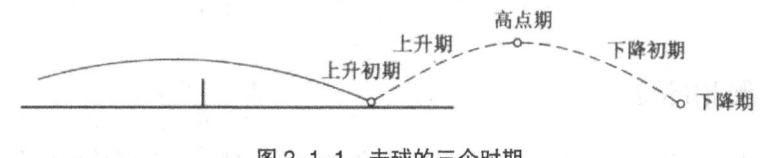

图 2-1-1 击球的三个时期

三、击球路线

击球路线指从击球点到落点之间形成的线。以击球者为基准,一共有五条基本击球路线:右方斜线、右方直线、中路直线、左方斜线、左方直线。中路直线在实际比赛中是根据击球者的站立位置而定。

四、击球部位

击球部位是指击球时球拍接触球的位置，具体划分可以以击球员为准，将球分为四个面：前面、后面、左侧面和右侧面。一般情况下很少有运动员会击球到前面，只会在偶尔出现的接对手打的回旋球时，击球员随球过网击球才会击球到这个部位；后面则是最常见的击球部位；在侧身正手发高抛球时，最常见的击球部位就是左侧面；正手发奔球时，较多的击球部位是右侧面。以上四个面又可以按照钟表的半圈刻度划分为七个部分（图2-1-2）：上部（顶部）、上中部、中上部、中部、中下部、下中部和下部（底部）。随着乒乓球运动的发展，相应的细化术语也有所发展，过去划分击球部位时只有下、中下、中、中上和上五个部位，在教盖弧圈球技术时需要触及的部位只能说成中上部偏上，而如今则可以改为上中部。击球部位的细化使划分更加准确，更加有利于教学过程中描述细节的动作。

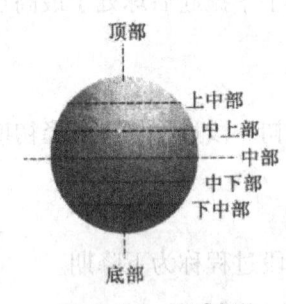

图 2-1-2 击球部位

五、触拍部位

触拍部位是指运动员用拍面的哪些部位进行了击球。一个球拍可以分为拍柄、拍身两部分，拍身可细分为拍面和拍身边缘。接近拍柄的位置可以称为近区或近端，离拍柄最远的拍身下方可称为远区或远端，近区和远区中间的部分则称为中区。

六、拍面角度

拍面角度泛指拍面在三维空间中的角度变化，可以分为三个部分。

（一）拍形

拍形也被称为拍面倾度。将拍面与台面垂直时视为 0°，随拍面不断前倾而增加其角度，拍面前倾至水平时，为前倾 90°。拍面后仰亦然，当拍面后仰至水平时，为后仰 90°。

（二）拍面方向

拍面方向指球拍绕上下轴左右偏转时，与球台端线所形成的角度。拍面与球台端线平行时（拍面正对前方）视为 0°，随拍面不断向自己右侧偏转而增加其右偏角度，当拍面右偏至与球台端线垂直时（拍面正对自己右侧时），拍面方向为右偏 90°。拍面向自己左侧偏转亦然，当其向左偏至与球台端线垂直时（拍面正对自己左侧时），拍面方向为左偏 90°。

（三）拍面横度

拍面横度指球体绕前后轴转动而改变拍面角度。当拍柄垂直于球台端线时，视拍面角度为 0°，随着球拍绕前后轴不断左右转动，球拍左右横角相应变大。当拍柄平行于球台端线时，拍柄的角度是左横 90°；当球拍绕前轴和后轴向右转，与球台端线平行时，拍柄的角度是右横 90°。一般所述拍形为半横向，即它的横向角度为 45°。

七、发力方向

发力方向就是球拍的挥动方向。例如，拉加转弧圈球的用力方向以向上为主，略带向前；拉前冲弧圈球的用力方向以向前为主，略向上。

八、发力方法

发力方法就是挥拍击球时的用力方法。根据不同的对比方式或发力模式，发力方法各有不同。

（一）通过来球速度和击球挥拍速度对比划分

此模式下击球的发力方法可分为以下三种发力：

发力：来球速度小于球拍速度时。

借力：来球速度大于或等于球拍速度，且球拍速度大于或等于零时。

减力：来球速度远远大于球拍速度，而球拍速度小于零时（球拍向后缓冲）。

实践中，可以通过运动员自身用力方式来解释，来球靠运动员用力挥拍击回的叫发力；来球主要靠触拍后被反弹回去的叫借力；球拍触球瞬间有一个向后缩的动作，借以减弱对方来球的反弹力叫减力。我国快攻运动员打球时多采用发力中借力的方法，也叫借力打力，故球速度快、力量大。

（二）根据发力方向与球心的关系划分

从发力方向与球心的关系看，发力方法又可分"撞击"和"摩擦"。发力方向穿过球心叫撞击，特点是球速快；发力方向不穿过球心而远离球心叫摩擦，特点是能够增加球的旋转。现代乒乓球技术要求把撞击与摩擦、速度与旋转结合起来，即使是打同一个球，往往也要撞击与摩擦相结合，但不同打法侧重不同，如快攻以撞击为主，弧圈球以摩擦为主。

（三）从运动员肌肉用力划分

根据运动员击球时的肌肉用力不同，发力方法可以分为爆发用力与匀速用力。一般情况下，乒乓球运动员基本上使用的都是爆发力，但个别技术不能用爆发力，如快带技术，只能使用匀速用力方法，忌用爆发力。

第二节 乒乓球的站位、握拍方法和步法

一、基本姿势和站位

乒乓球运动的球速快、变化多，因此，为了更有效地反击各种不同的落点和性能的来球，每次击球前都需要根据自己的身体特点和打法特点，努力保持自己站在一个相对固定的位置，并保持一种相对稳定的姿势。这种相对稳定的位置被称作基本站位，而那些相对平稳的姿态则被称为基本姿势。

（一）基本姿势

就拿右手执拍者来说，进攻型打法的基本姿势是两脚分开，略宽于肩（肩宽

的 1.2—1.4 倍），左脚稍靠前，右脚稍靠后，前脚掌内侧着地，脚跟稍抬起；膝盖微微弯曲，重心在两脚之间，含胸收腹，身体微微前倾；在放松肩部关节的情况下，轻抬双臂让手臂自然屈曲，而腕部则适度松弛，以保证执拍手位在体前偏右侧，且球拍高度略高于台面。

削球和进攻型的打法在基本姿势上有些许相似之处，但稍有区别的是，削球打法的脚间距更大，重心也稍微低一些；右脚位置在左脚前方，上半身的前倾幅度相对较小，执拍手要放在胸前。

尽管打法的基本姿势大致相似，但还是需要根据运动员各自的身体状况和技能特性进行适当的调整。比如，使用弧圈球打法者，其移动幅度较大、跑动区域较宽、离台面的距离较远，所以其两脚间距要大于快攻选手，重心也略低；个子高的运动员，两脚间距就可能大一些。尽管他们都是采用左推右攻的打法，但他们的基本动作姿势并不完全一样。对于那些推挡多，但侧身少的选手来说，他们的基本姿势通常是平站立，执拍手的位置稍微倾斜到反手的位置，拍子下方朝向反手位；侧身抢攻多的选手，左脚的数量多在右脚的前半到一脚的距离，而执拍手的位置则放在身前偏正手位的一侧。

（二）基本站位

仍然以右手执拍为例，进攻型打法对站位的基本要求为距球台端线 50 厘米左右。尤其是善于近距离攻击的选手，站位可稍近；对中近台进攻有专长的选手站位可稍靠后；熟练掌握正手侧身抢攻或者弧圈球比赛方法的选手可选择在球台中线偏左侧站立；而善于用相持球或者反手实力强的选手，可选择站在球台正中稍偏反手的位置。

削攻型打法的基本站位是在距离球台端线 100—150 厘米的位置，通常是在球台中部稍微偏向反手的地方。与实力更强的对手相比，进攻的站位可以稍微接近一些；那些在防守上具有优势的选手，他们的站位可以稍微远一些。

当然，基本站位并不是某一个固定的位置，而是一个大概的范围，不同打法类型的基本站位不同。这些都需要根据运动员个人的身体条件和技术特点进行相应的调整。比如，直拍近台快攻打法的运动员基本站位所指的范围就较小，而弧圈球打法的运动员基本站位所指的范围就较大，削球打法则更大；即使同为弧圈球打法运动员，侧身抢攻多的运动员基本站位就要比使用反手多的运动员更偏左一些；身材高大的运动员基本站位通常会离球台稍远一些。

还需要考虑对手运动员的打法特点适当调整自身基本站位，如果对手是削球打法运动员，其削球落点的长短就会影响本方基本站位的前后变化；若对手是左手握拍运动员，而本方是右手握拍，就需要将基本站位稍向中间偏移。

二、握拍方法

握拍技术是人们学习乒乓球的技术之一。正确的握拍方法可提高手、臂及手腕的灵活性，为日后技术的提高打下良好的基础。因此，初学乒乓球的人一定要先学好握拍技术。

基本的乒乓球握拍方法分直拍握法和横拍握法两种，不同的握法各有其优点和缺点，也会产生各种不同类型的打法。其中，直握拍反手推挡好，便于左推右攻，台内攻球灵活，正反手交替击球变换快，拍形变化不大，动作较为隐蔽，是我国和日本的传统握拍方法；横握拍正反手攻球力量大，反手攻球容易发力，也便于拉弧圈，控制范围较大，是欧洲的传统握拍方法。现代乒乓球运动对这两种握拍法都有所应用。

（一）直拍握法

1. 快攻型直拍握法

把拍柄贴在虎口上，再以食指第二指节与大拇指第一指节各压在球拍两肩，构成钳形结构。两指间距离要适度，剩余三指要自然屈伸重叠于球拍后，而中指第一指节一侧要顶于球拍背面 1/3 左右。正手击球时，拇指压拍、食指放松、小指与无名指配合中指做顶拍发力；做反手推挡动作时用食指做压拍，拇指则保持相对放松，小指、无名指亦配合中指做顶拍发力。这种握法最突出的特点是手腕灵活多变，使我们可以用手指细微的变化调节拍形角度、用力方法、用力方向。

2. 弧圈型直拍握法

弧圈型直拍握法与快攻型直拍握法在多个方面具有相似性，但两者的主要不同之处在于，当用正手拉弧圈时，弧圈型直拍握法的拍面后方的三个手指会稍稍伸直，这有助于在击球过程中更好地维持前倾拍形的稳定。

与弧圈型直拍握法不同，日式弧圈型直拍握法的拇指的第一指关节与拍柄的左侧紧密贴合，而食指则与拍柄和拇指共同构成一个环状结构。拍击完成后，其余的三个手指会自然地轻微弯曲，而中指和无名指基本上会保持伸直的姿态，并利用中指的第一指节来支撑球拍背面的中部区域。这种直拍握法特别适合于反胶弧圈型的打法，在正手拉弧圈时，拇指需要用力压拍，而小指和无名指则需要协助中指进行顶拍发力。在使用这种握法时，手臂、手腕与球拍几乎呈一条直线，这种握法与横拍相似，因此不仅充分扩大了活动范围，而且在正手拉弧圈与扣杀时，更容易将手臂的力量充分发挥出来。凡事有利就有弊，这种握法也不例外，较为显著的缺点就是手腕缺乏灵活性，在处理台内球、追身球、快攻球和反手近台球时会比较困难。

3. 直拍横打型握法

直拍横打型握拍方法基本同于直拍快攻型握法，只是为了便于解决反手位的进攻，在用背面进行攻球时，需要做细微调整。用背面进行攻球时，拇指需要用力压球拍左肩，食指则相对放松，在球拍背面的其他三指要增加弯曲度，避免击球时球打到手指上，同时，背面三指需用中指不离开中线，且需相应用力。当然，直拍横打握拍的缺点也是背面三指不易用力，且需要手型变化快，拍形不易固定。

（二）横拍握法

横拍握法的特点在于，在攻削球时，其握法的变化较少；在使用正反手攻球时，其力量较大。但也有不足之处，一是在正反手交替击球时，需要变换击球拍面；二是在攻斜线、直线时，拍形的调节幅度大，很容易被对手看穿。正手攻台内球时较难掌握，处理追身球也有一定的难度。

横拍握法类似于人第一次见面握手时一样，中指、无名指、小指自然握住拍柄，同时，虎口贴在拍肩上。大拇指在球拍前部，与蜷曲的中指相邻，食指自然伸直，斜靠球拍的背面。在深握的时候，虎口紧贴拍肩，而在浅握的时候，虎口则轻微地贴在拍肩上。在正手攻球时，食指稍向上移动；反手攻球时，拇指稍向上移动。近年来，随着横拍弧圈球打法的出现和技术的发展，横拍握法已经极为普遍。

（三）握拍注意事项

（1）不管是直拍握法还是横拍握法，握拍都不应过紧或过松。过紧会使手腕僵硬，影响发力时的手腕动作；过松则影响击球力量和击球的准确性。

（2）握拍不宜太浅或太深。尤其是直握时，食指和拇指构成的钳形不能过大或过小，以免影响手腕动作的灵活性。

（3）在变换击球的拍面、调节拍面角度时，要充分利用手指的作用。例如，直拍握法进行正手攻球时，需大拇指用力，食指放松；反手推挡时，需食指用力，大拇指则放松。

（4）不应经常变化握拍方法，否则会影响打法类型及风格的形成，初学者更应注意。

三、基本步法

有了合理的姿势和站位，仅仅是乒乓球运动好的开始，在开始进行击球时，每次击球几乎都和移动有关，运动员为了选择合适的击球位置所采用的脚步移动方法就是步法，它是乒乓球击球技术的根基，只有在好的步法技术的支撑下，运动员才能在合适的击球位置上保持这种姿态，这样他们才能确保球的力量、速度和旋转等特性最大化地发挥出来，这不仅确保了击球和回击球动作的准确性，还有助于提升击球的质量。考虑到击球技巧的合理性，只要球的落点和路径发生微小的变化，都应该使用适当的移动步伐来调整身体姿态，以确保击球的质量。因此，在训练中，运动员必须要养成"以脚带手"的良好习惯。

乒乓球运动中对步法的基本要求就是用最快速的移动方法到达合适的位置；移动过程中保持重心平稳没有巨大起伏；移动中动作协调，保证击球瞬间身体能够保持稳定且有助于后续动作。

乒乓球运动的基本步法有大、中、小不同的移动范围，有前后左右、斜前、斜后等不同的移动方向，有单脚、双脚、交叉、滑动、跳动等不同的移动方法，较为常用的基本步法技术有以下几种：

（一）单步

移动方法：以一只脚为轴，另一只脚向前、后、左、右不同的方向移动一步，完成移动后身体重心顺势落到移动的脚上，然后进行击球。

单步特点：单步移动一般在来球离身体不远的小范围内运用，因为移动范围小，动作简单而快速，所以移动过程中重心的转换也比较平稳，是快攻、削球及弧圈球常用的步法之一。

（二）跨步

移动方法：跨步也称为跟步，当来球距离较远时，常用此步法以来球方向为目标进行移动。当一只脚用力地向地面蹬去时，另一只脚则应朝着不同的方向迈出一大步，如前、后、左、右、斜方等。在这种情况下，身体的重心会不定时地转移到跨步脚上，而蹬地脚则会快速地滑过半步并紧随其后，之后便开始击球。

跨步特点：跨步的移动范围较大，移动速度快，一般在来球距离较远时进行使用。由于跨步动作幅度大，所以需要降低身体重心的高度以保证身体的稳定，故不宜连续使用，而且大多采用借力击球的方式，若需要发力击球，因为动作幅度过大所以不宜采用跨步。同时，跨步在向左右移动时常与并步或跳步结合运用，以得到更快的调整。

（三）跳步

移动方法：根据来球的方向，以与其方向相反的脚用力蹬地，之后双脚向来球方向跳动，需要注意的是，先落地的脚应是用力蹬地的脚，另外一脚要脚跟先落地，之后便可进行击球动作。

跳步特点：与单步和跨步相比，跳步的移动范围更广。由于跳步动作需要较短的腾空时间，并且前后两脚的距离变化相对较小，因此它在保持人体重心稳定方面起到了关键作用。同时，在进行跳步时，由于重心变化较快，所以重心通常会不太稳定，这就需要依靠膝关节与踝关节进行缓冲。一般在球离身体较远时使用，可用来连续回击来球。快攻打法常用跳步来进行侧身击球，左右移动时则会将跳步和跨步结合运用；削球打法常用移动范围很小的跳步来调整站位。

（四）并步

移动方法：并步和跳步类似，唯一不同的是，并步在移动时不会出现腾空的跳动。在并步移动时，与来球方向相反的脚要先向来球方向跨出一步，之后将与来球方向同向的脚向来球方向迈一步，再击球。

并步特点：并步的移动幅度比单步大，但比跳步要小，因为没有腾空跳动，所以比较有利于保持身体重心的稳定，适合削球打法使用，人们在用快攻和弧圈打法攻削球做小范围移动时也会经常使用并步。

（五）交叉步

移动方法：交叉步的移动方法是先以靠近来球方向的脚为支撑脚，使远离来球的脚迅速向来球方向跨出一大步，然后支撑脚在跟着向来球方向迈一步，之后进行击球，因为在移动过程中双脚会形成交叉，因此叫交叉步。

交叉步特点：交叉步移动幅度比前几种步法的移动幅度都大，移动速度也较快，主要用来对付离身体比较远的来球。快攻或弧圈打法在侧身进攻后扑右角空当，或在起动中拉削球时常会用交叉步；削球打法左右移动时很少用交叉步，但在接短或削球突击球做前后移动时则常用交叉步。

乒乓球的基础步法虽然只有以上五种，但在训练和比赛中进行实际运用时比较复杂，经常会多种基础步法混合进行运用，最终的目的就是能够迅速靠近来球并保持身体稳定，有效地进行回击并能快速调整姿态。

第三节　乒乓球运动的环节和动作结构

一、乒乓球运动的基本环节

（一）准备

乒乓球运动员在每一次击球前都要有所准备，一方面是身体方面的准备，包括站位和身体姿势等；另一方面则是心理方面的准备，眼睛要紧盯对方或紧盯球，确保全神贯注。

（二）判断

准确的判断是乒乓球运动后续移步和击球的前提和基础，需要根据对方的站位、击球的时间、击球的部位、拍形角度以及拍面方向，对方的发力方法，特别是球触拍瞬间对方的动作和情况，然后根据对方击球后球的飞行弧线、速度、旋转特点等,判断对方来球的落点及具体性能。

判断对方来球性能是判断环节的第一步,第二步则是根据判断好的来球性能和落点,选择自身的回球技术,是拉还是打、搓等,同时要根据选择的回球技术来判断身体在什么位置击球更为合理,决定触拍时用的拍形和角度,然后进入下一环节。在判断环节中,经验是非常重要的、因为时间极短,需要运动员在瞬间做出最为合理的判断。

(三) 移步

在判断环节得到来球的落点后,需要根据落点的不同,通过移动脚步的方式来获取最合适的击球位置。同时,根据自身的技术特长和习惯,也需要进行移步。对移步的要求,首先是有利于本次击球,最好保证自己的移步能够让击球达到期望的效果;其次要不妨碍下次击球,不能为了让本次击球达到期望,移步到对方回球后自己无法快速调整的位置。要想达到这两个要求,就要看准移步时机,不能过早也不能过晚,同时要有合理的步法组合,需要在平时的训练中打下扎实的基本功。

(四) 击球

通过移步达到合适的击球位置,下一步就是进行击球。击球大体可以分为五个步骤:蹬脚送胯、扭腰带肩、转肩甩臂、转腕顶指、顺势挥拍。

1. 蹬脚送胯

这是击球的第一次发力,即击球时机到来时开始重心移动,需要两只脚协调作用,调整重心进行移动,如由后弓步变为前弓步,将原本弯曲的膝关节蹬伸直或将原本伸直的膝关节弯曲,根据不同需求来调整发力方法。

2. 扭腰带肩

脚和膝关节的力送到胯部之后,力量通过腰部传递到上半身,同时,通过扭腰带肩将腰和肩膀的力传递到手臂。这是击球的第二次发力。

3. 转肩甩臂

通过肩膀的力量将全身力量传递到手臂,通过甩臂的动作将力发出,这是第三次发力,同时依据击球的技术需求,进行加转、加速等。此动作需要动作快、有爆发力。

4. 转腕顶指

此部分动作最大的特点是根据技术要求对球拍进行调整，同时，对球加转、加速等，动作需求极为细腻。这可以说是第四次发力。

5. 顺势挥拍

顺势挥拍主要是为了完成击球之后，使所有的动作完整，顺势挥出球拍之后方便快速还原。

在击球环节，转肩甩臂和转腕顶指两个动作部分都可以不用发力，也可以都发力，或者只有一个发力，需要视来球情况和击球计划进行调整。如果只在转腕顶指环节发力，需要手臂做好配合，否则命中率较低，且动作不自然。

（五）还原

还原就是在击球后，根据具体情况，迅速还原到基本站位、基本姿势，或对身体重心、球拍和身体位置进行适当调整，以便于下一板球的还击或有利于发挥自身特长。

二、乒乓球运动的动作结构

（一）准备动作

准备动作包括站位和引拍两部分。

1. 站位

应该根据对方来球的情况，选择对自身击球最为有利的站位和姿势，站位和姿势的好坏直接影响整个击球动作和效果。比如，正手攻球（以右手握拍为例），就应当右脚稍微向后站，双膝微屈，重心放在右脚而身体略向右侧身，如果正手攻球时双脚平站或者右脚在前，就很难打出力量大的球。

2. 引拍

引拍就是在击球前扭腰转肩将球拍先向后带然后借机用力的过程。引拍对击球动作也有很大影响，虽然引拍是击球前蓄力和准备的过程，但在引拍过程中不要一心想着进行发力和制造旋转，而应该保持专注，但不紧张，蓄力而不僵硬的状态。正手攻球的引拍动作应该是前臂横摆，手腕自然放松，使球拍与台面垂直或略前倾，这样才有利于对来球发力；如果正手攻球时进行抬肘引拍，就很难发挥前臂的作用。

（二）击球动作

击球动作就是挥拍击球，主要是整合全身进行发力，包括参与整个动作的所有肌肉部位、发力方向、发力顺序、发力方法和触球部位、击球技巧、击球时间等，击球时手腕和手指以及拍形的动作是较为主要的，同时需要脚、胯、腰、肩、臂、腕、指的整体协调配合。以正手攻球为例，击球动作的顺序应该是右脚用力点地，然后促使胯部和腰部向左转动，带动肩膀和手臂向前挥动，传递的力应以前臂发力为主，根据不同击球动作需要做出不同方向的用力，触球瞬间需要手腕控制好拍面角度，以辅助手臂发力，前臂需要略有内旋动作，以保证用力能够较为完整地作用到球上。

（三）结束动作

击球结束后，虽然球已经脱拍飞出，但由于惯性作用，身体还会带着球拍向用力方向运动一段时间才结束，为了能够更快地调整姿势和站位，迎接下一板击球，就需要有一个结束动作。手臂和手腕及整个身体应该立刻放松，将残余惯性力散掉，然后迅速还原站位和身体姿势，准备再次击球。结束动作时散力和还原较为简单，最关键的是调整站位和姿势准备下一次击球，即再次进入准备动作阶段。

第四节　乒乓球运动的力学原理

了解乒乓球运动的力学基本原理，能够给乒乓球运动提供理论和技术方面的指导，从而深层次分析不同技术动作的力学条件，最终使运动员在训练中能够正确认识和掌握合理的技术动作。

一、击球力学原理

从基本力学的角度而言，在乒乓球运动过程中，不管是发球还是挡球或是回击球，都是力学基本原理的综合应用，其中最经典的就是力学三要素：力的大小、方向和作用点。击球时所用力的大小、用力的方向以及击球瞬间球与球拍接触的力的作用点决定了击球后球的飞行轨迹，了解清楚乒乓球击球的力学原理，能够帮助我们更好地掌握击球后球的运动规律。

（一）击球时的发力：杠杆原理

在乒乓球运动中，杠杆原理是运用最频繁也是最基础的力学原理，杠杆的作用就是通过不同的支点，让力的方向得以改变。在乒乓球击球时，可以将我们的躯干、肩膀、手臂和球拍当成一根完美的动力臂，然后依靠蹬地、扭腰、转肩、挥大臂、收前臂、转腕的动力，将我们身体的各个关节作为杠杆的支点，以手臂的骨骼为力臂，将力最终作用于乒乓球上的过程，其中骨的作用和杠杆相同，因此可称之为骨杠杆。让骨杠杆产生作用，首先是靠肌肉的收缩来产生足够的作用力，然后牵引骨骼绕关节进行杠杆运动，同一个击球动作若关节运动的角速度不变，那么杠杆末端的速度就会和杠杆的长度成正比，即同一个击球动作，若发力时运用手臂的前臂和大臂相连成为杠杆，则比仅以前臂做杠杆击出的球速度更快，给人的感觉就是力量更大。比如，在拉弧圈球时，如果引拍的动作相对较大，让击球点离身体重心更远些，同时在击球的瞬间小臂突然发力，充分利用大臂和前臂的杠杆来加速，那么击中球时的摩擦速度和穿过球心的主作用力就会越大，从而击出的球转速更快、飞行速度也更快。如果在乒乓球击球过程中无法很好地发力，最大的原因就是无法很好地协调自己的身体，要想避免这一点，就需要通过模仿基础的技术动作，有针对性地对自己的动作进行改进，再经过大量的练习，从而达到更好的击球效果。在此过程中，进行骨杠杆运动也需要注意一定的次序和时间安排，如反手攻击时，若肘关节在引拍后期快速向前牵引甚至超越球拍，就能增加挥拍的动力臂和角速度，从而增强前臂的摆动速度，击出的球自然就会更具有威胁性，速度也更快，力量也更大。

（二）挡球技术的发力：反射原理和动量转化原理

挡球是乒乓球运动中非常基础的一项技术，需要通过来球的方向、来球的速度和旋转进行合适的动作调整，其力学原理就是反射和动量转化。

1.反射

球拍作为击球的工具，就是反射原理中的反射面，很多时候在练习挡球技术时发生方向的偏差，一方面是因为球的转动，另一方面就是因为没有应用好反射原理，根据期望击球的方向，需要恰当地调整拍形角度，利用反射原理的入射角等于反射角，来调控击球的方向。在做练习时首先要清楚球拍作为反射面进行击球时入射角和反射角的规律，然后调整好球拍的拍形角度，从而使球的方向和落点相对稳定。

2. 动量转化

挡球技术对练过程中，很多时候根本无法完成连续多回合挡球，这其中的原因也能够用力学原理来解释。挡球过程中除了需要运用反射原理，还会用到动量转化原理，乒乓球的运动速度 v 和质量 m 相乘代表乒乓球的动量，这个动量的产生是通过球拍加持在球上的力 F 和作用于球的时间 t 形成的，用力学原理表示即 F=vm，这其中球的质量是不变的，所以在击球时用力更大、球拍作用于球的时间更长，那么击出的球速度就会更大。清楚了其中的力学原理，在对练中就可以针对性进行训练，控制自身的用力和球拍作用于球的时间，寻找一个双方都能接受的速度，从而实现多回合挡球练习。

（三）旋转的秘密：力矩原理和摩擦原理

1. 力矩原理

乒乓球运动中，球的旋转是最为常见也最为多变的，使物体产生旋转的力学原理就是因为力矩作用，力矩 M 和作用于物体的力 F 以及力臂 L 有关，用力学原理表示即 M=FL，作用力越大，力臂越长，力矩也就越大，那么球旋转也就越厉害。当进行击球时，如果击球的作用力直接穿过球心，就相当于作用于球上的力臂为零，所以即使用很大的力进行穿过球心的击球，球也不会产生任何旋转。要想让球发生旋转，就需要在用力的基础上，保证作用力不穿过球心，产生一定的偏移，这样力臂才能变大，从而使球旋转。

2. 摩擦原理

运动的物体在接触另一个物体时，会产生朝运动方向改变的现象，这不仅有力矩的作用，还有摩擦力在产生作用。乒乓球运动中这种现象更是常见，当旋转的球和球台发生接触后，会出现不同的方向变化，如侧拐、上拱或下沉，甚至旋转的球在接触球台后球速还会发生改变，这就是摩擦力的作用。当球顺旋或逆旋较强时，触碰到球台后，因为摩擦力会产生向左或向右的力，从而使球发生左拐或右拐；当球上旋较强时，触碰球台后会因为摩擦力产生向上向前的力，从而会使球加速，同时向上拱；相反，下旋则使球减速下沉。了解了这些原理，就能够找到更加精准的动作进行击球，使击球技术更加合理和到位。

（四）弧线的产生：流体力学原理

在乒乓球运动中，旋转球非常常见，但加转弧圈球的弧度会比较大，而削球或搓球的弧度则相对比较小，这种现象背后的力学原理就是流体力学原理。简单来说，流体力学原理就是指液体或气体由于不同的密度或流动方向，会产生不同的作用力。对于乒乓球运动来说，主要需要考虑的是气体，即球在空气中飞行所产生的作用力。

不管是上旋球还是下旋球，或者是左侧旋、右侧旋，球在空中飞行过程中会出现一定的弧度，而且会因为不同的旋转造成不同大小的弧度。这主要是因为不论是向哪个方向旋转的球，因为球自身的旋转和运动方向会对空气造成一定的影响，如上旋球的弧度会较大，这主要是因为球向下旋转速度快，且向前运动，就会造成球上前方的空气密度大于球下后方的空气密度，球在空中受到空气流体和旋转力的合力是向下的，因此产生的弧度大，其他种类旋转的球也是如此。

以上所说的这些力学原理就是乒乓球运动中经常出现和运用的原理，理解这些乒乓球运动背后的原理有助于快速理解和掌握球的运行规律，从而更加快速地掌握和理解所学的击球技术，同时运用到实践中，也能够快速提升击球技术水平。

二、发球力学原理

在乒乓球运动中，发球是一项重要的技术，在乒乓球比赛中，发球是唯一一种不受对方来球限制的技术，它可以在比赛规则允许的情况下，以其战术意图和技术风格为特点，可以在任意位置发任意路线、落点、旋转、弧线等球。发球不仅可以直接获得分数，还能与自己的下一板击球紧密结合，从而获得主动权，同时也具有控制和破坏对方攻击的功能，甚至能够和战术结合实现不同的打法。现如今国际乒联对比赛规则的改革极大地影响了发球的力量、旋转和隐蔽性，要想熟悉掌握和充分运用各种变化的发球，以利于自己先发制人，就必须要了解在发球时球和球拍的相互作用过程及其中作用力产生的原理，这样才能够做到知己知彼、有的放矢。

在乒乓球运动中，发球员将球向上抛起就是发球的开始，直到球从最高点落下用球拍击球，然后球离开球拍按一定弧线和旋转运动，最后到对方还击之前的过程，都属于发球的过程。可以将发球过程细分为三个阶段进行分析。

（一）触拍前

主要是球被抛起并下落的过程，在这个过程中球不会旋转，呈现的是自由落体运动状态，只受重力的作用。在这个过程中，只有一个因素会影响球的速度，那就是球下落的时间，球下落时间越长球速越大，反之则球速越小。球速越大，球和球拍发生接触时的相互作用就越强。

（二）触拍击球

触拍击球的过程十分短，尽管这一过程很快就可以完成，但在乒乓球的发球环节中，其重要性不言而喻。每个人都有属于自己的击球方式，因此击出的球也会不同，主要受如下因素的影响，如击球点、运动员的爆发力、球的下落速度、拍形、击球时间、触拍部位等因素。同时，由于球与球拍接触是面接触，而不是点接触，因此二者间的相互作用也颇为复杂。不过，从整体来看，可以认为，球和球拍属于完全弹性碰撞，即两个物体碰撞时相互作用力仅由形变程度决定，这个过程就是动能转化为弹性势能，然后弹性势能再重新转化为球和拍的动能。其中，最大的变化就是球的加速旋转，因为球和球拍的碰撞是存在摩擦的，整体理解就是球和球拍的碰撞决定了球整体的运动，球和球拍的摩擦决定了球的旋转。发球后球的运动方向和速度主要是由发球惯力的大小和作用力的方向决定，发球后球的旋转问题则遵从力学中的转动定律。

球在与球拍发生短暂碰撞和摩擦后，碰撞时所加的力量和方向会使球的方向和速度产生变动，而摩擦作用则会使球从不转逐渐开始旋转，甚至越转越快，这就是球的加速旋转过程。

1. 旋转强度

旋转强度 ω 和旋转周数 n 成正比，和旋转时间 t 成反比。用公式表示为 $\omega=\dfrac{n}{t}$。旋转强度还可以有方向，可以用攥拳四指和直立大拇指的右手螺 0= 旋来表示，其中拇指方向可以表示旋转强度方向，四指螺旋方向是球的旋转方向。

2. 旋转加速度

球从接触拍到离拍瞬间旋转速度是多少，表示的就是旋转强度，但球在接触拍前是不转的，那么在接触拍的那一段时间中，球拍必然会带给球一个旋转加速度，促使球的旋转从零快速增加。球的旋转加速度 β 和球的旋转强度增加量 $(\omega-\omega_0)$ 成正比，和球接触球拍的摩擦时间 t 成反比。因为球在触拍前并不转，所以球的旋转强度增加量可以直接用球离拍时的旋转强度来替代，用公式表示为 $\beta=\dfrac{\omega}{t}$。一般情况下，在相同作用时间下，给予球拍的摩擦力越大，作用于球的力矩越大，则球的旋转加速度越大。

3. 旋转惯量

每一个旋转体都有自己的旋转惯量，它的大小和物体本身的质量及转轴的位置有关。对于乒乓球来说，它的旋转惯量 I 是和自身重量 m、球体半径 R 的平方成正比的，用公式表示为 $I=2/3R^2m$。在 2000 年之前的 38 毫米直径的小球时代，乒乓球的旋转惯量相对较小，所以让小球产生旋转所花费的力会较小；如今所采用的是 40+ 大球，球的重量和半径都有所增加，所以相比而言让大球产生旋转所需花费的力会增加很多。这也是大球时代力量元素地位提高的根本原因。

4. 旋转力矩

乒乓球的旋转速度和旋转方向主要由它所承受的外部力矩决定，乒乓球的旋转力矩就是球和拍的相互作用力与该力对某一转轴力臂的乘积，用公式表示为 $M=F·R·Sin\theta$。乒乓球运动的转轴力臂就是作用点到球心，也就是乒乓球的半径，即 R 是恒定不变的，而 $F·Sin\theta$ 可以称为切向力，即沿球的旋转方向所施加的作用力。

任何击球所形成的作用力都可以将其分为两个力：一个是穿过球心的力，为撞击力，主要作用是改变球的方向和提高球的速度；另一个则是和运动方向垂直的力，为摩擦力，主要作用是改变球的自身旋转速度和旋转方向。

根据这个力学原理可以知道，在某一个旋转方向上，若想让球的旋转速度增加，可以增加作用于球的作用力，也可以增加作用力与球半径的夹角。以正手发下旋球为例，通常发正手下旋球的技术要领是力量集中、吃薄、躺平。力量集中就是指增加手对拍的作用力，这样球的旋转力矩就会增大；吃薄则是在力量集中的前提下，注意发力方向，增加切向力；躺平则是在其他条件相同的情况下，注意击球部位，增大作用力与球半径的夹角。躺平的动作相当于球拍和球完全垂直，那么球自由落体的动量就能在很少损失的情况下转化为切向力，从而增加球的旋转力矩。

（三）触拍后

球离开球拍后就是发球的最后阶段，这个阶段中球就是一个按照一定弧线运动的旋转体，具体球会沿什么弧线运动，球自身会怎么旋转，主要是由第二步触拍击球的技巧来决定，但在球开始飞行后，还有三个方向的作用在影响球的运动。

1. 重力作用

重力的影响取决于球的重量，也就是地球的吸引作用，对球的作用力的方向是持续一直竖直向下，大小恒定。

2. 空气作用

这部分属于流体力学部分，主要是球在向前运动时，空气对球产生的黏滞阻力，和球在旋转过程中空气对其产生的压力。

3. 台面摩擦作用

台面摩擦作用，即球飞行到对方台面触台瞬间，台面的弹力和摩擦力对球的作用，如今球台都有相应标准，因此球的弹性和台面的弹性、摩擦系数都是相同的，对球产生的作用主要由球自身的速度、旋转情况和球的变形程度来决定。

综上所述，发球后球会具有两个惯性，运动惯性和旋转惯性，在空气和台面对球的运动和旋转阻碍很小的情况下，球基本会保持离拍时的前进速度、旋转强度和旋转方向，直到对方触拍还击。所以，发球时的力量、速度和旋转是发球能够对对方造成威胁的关键元素。

第五节　乒乓球运动打法分类

一、世界乒乓球技术和打法的演进过程

乒乓球的技术进步和打法变化是在球拍创新的基础上，围绕速度、力量、旋转、弧线、落点等关键要素的变化而持续发展的。那些在竞技和胜利方面无法达

到高标准的打法就会面临被淘汰的风险。与此相对，一些满足上述标准的打法，在实战中会变得更加完善、丰富，并最终向更高层次的先进打法转变（表2-5-1），从而赢得一个相当时期的生存权，并可能取得优异的成绩。

表 2-5-1　世界乒乓球技术和打法的演进过程

阶段（年代）	代表性打法	代表国家
第一阶段（1926—1951）	削球	匈牙利
第二阶段（1952—1959）	中远台单面长抽	日本
第三阶段（1961—1981）	近台快攻、削攻、快弧、弧圈	中国、瑞典、匈牙利
第四阶段（1982—1989）	近台快攻、快弧	中国、瑞典
第五阶段（1990—）	正、反胶近台快攻+直拍横打	中国
	横拍近中台快攻结合	法国、瑞典、德国
	拉冲弧圈	比利时、中国
	横拍弧圈结合快攻	白俄罗斯、克罗地亚、瑞典
	横拍攻削结合、削攻结合	中国、韩国

在以上五个发展阶段中，各类打法在相互制约、激烈的竞争中不断演进、升华。从以上五个发展阶段演进过程可以看出：第五阶段主要是对前四个阶段的改善与丰富，主要表现在速度与旋转相结合方面。这一阶段的成果主要是将速度、力量与旋转结合得更加密切，从而形成了更具强攻优势的打法，基本上终结了以快制转、以转制快、以慢制快、以攻制守，以及以转制转的相对单一的制约与反制约。同时，随着技术的快速发展，打法也逐渐进入了以快凶均衡为特点的高速对抗阶段。

中国队在打法创新方面走在世界前沿。自1961年起，中国队创新性地采用了多种打法，如直拍近台左推右攻、直拍近台两面攻、削攻推结合倒拍、削攻结合、攻拉推结合倒拍以及直拍横打等。

在直拍快攻受到欧洲先进打法的威胁时，中国运动员创新了打法，以便能解决这一威胁问题。即在直拍快攻打法"快、狠、准、变"的基础上，中国运动员将速度与旋转结合起来，创新发展了"转"，也就是打法以近台为主，以中近台、中远台为辅，这种创新方法使得直拍快攻不仅能实现近台快攻打法，同时还能拉小上旋与弧圈球。

在削球型打法在大众视野出现次数较少时，为了能将其重新利用起来，中国运动员对削攻型打法进行了创新，将其发展为攻削型打法，并在"转、稳、低、变、攻"这些方面加强了"变"和"攻"。这样既可以攻球也可以削球，主要还是以攻球为核心，例如在实战中陷入僵持和被动状态下，可以利用削球转换来找机会反击，一旦有机会就转向进攻，发挥主动进攻的力量。

欧洲人在乒乓球运动中不断对打法进行改善与创新，这促使中国队不得不对打法进行创新、再创新。每次打法的革新都会促使中国乒乓球运动顺应时代潮流、促进发展、走向新高峰。以直拍横打为例。1989年底的第40届世乒赛，中国男队在多特蒙德丢掉了斯韦思林杯后，这让他们在直拍反手位底线下旋球和相持球的短板更加明显。其核心问题在于，由于解剖形态结构的限制，反手位在施力、速度和旋转等方面与正手位有着显著的差异。尽管如此，中国的传统打法和特点也不应被遗弃，而应寻求新的创新和进步。当时的国家队总教练徐绍发与国家体委科研所的研究员吴焕群共同提出了一个直拍反手背面攻的实验思路。国家青年队刘国梁、王飞和其他直拍运动员经过国家队总教练的精心辅导后，做了一次直拍反手背面攻测试，并将反胶胶皮粘贴于直拍背面做训练测试，经数年练习，终于在直拍反面击球技术上有较大突破，直拍横打技术较传统直拍反手攻技术更易被掌握，对相持球、弧圈球等反手技术处理上也较以往有实用性、威胁性。刘国梁因在直拍横打技术上的创新而成为第一位夺得世乒赛、世界杯及奥运会男单冠军的"大满贯"选手。

二、乒乓球各种类型打法的分类及其主要特征

在乒乓球运动的各种分类中，主要依据的是运动员的战术特性或者所采用的战术手段。在20世纪60年代之前，乒乓球通常被分为两大类：进攻型和防守

型。随着新技术的不断出现、工具的持续改进和战术方法的多元化，乒乓球运动在20世纪70年代的技术分类变得更为明确。乒乓球的打法因其所属的种类而异，其区别主要基于技术的特性或方法（即在比赛中的使用率和得分率最高的技术手段），以及所使用的各种工具。纵观世界乒坛，一般认为乒乓球打法在现阶段可以划分为四大类。

（一）快攻类打法

快攻类打法战术主要是以速度为主，其特点主要包括以下几方面，如先发制人、积极主动、以近打远、以快制转等。在我国的传统打法方式中，直拍快攻打法是最常见的一种，其发展历史已有四十余年。

快攻类打法在20世纪50年代初中期的特点主要是"快、狠"，但其也有缺点，即攻球的准确度较低，由于这种不足，使得这一打法在欧洲的削球以及日本的远台长抽中遭受挫折。为了改变这一现状，我国快攻类选手积极通过比赛实践，加强对击球准确性的认识，同时也加强基本功的训练。至20世纪50年代末，中国快攻选手容国团以其多变的战术，在第25届世乒赛男子单打比赛上一举夺魁。从那以后，快攻类打法的特点变为"快、狠、准、变"，并风靡于20世纪60年代的世界乒坛中。

在20世纪70年代初期，欧洲的弧圈技术发展十分迅速，这使得中国的快攻类打法受到极大影响。中国选手为了改变这一现状，发展出拉一板小上旋技术，这一技术为快攻打法创造了更多的机会。这种拉一板小上旋技术不仅丰富了快攻类打法的技术特点，使其特点变为"快、狠、准、变、转"，同时还能与弧圈式打法相抗衡。

快攻打法包括近台两面攻和左推右攻两种打法。

1. 快攻类打法的技术特点

（1）站位离台近：站位离台约40—50厘米，目的在于缩短球在空中的飞行距离，争取击球时间。

（2）击球时间早：击球的上升期，目的在于缩短对方回球的准备时间，迫使对方在回球时措手不及。

（3）动作幅度小：在较小的动作幅度内发挥强有力的进攻，以使动作快、重心稳、还原及时，充分发挥前臂和手腕的作用。

（4）步法移动灵活：要求反应判断敏捷，步法移动灵活、及时到位，手脚配合协调，不能手快脚慢。

（5）突击进攻多：为了争取主动，采取突击和连续进攻较多，以迫使对方连续防御而难于反击，使自己处于主动进攻的优势。

2. 快攻类打法的主要特点

（1）近台两面攻打法

近台两面攻打法的特点是：站位离台近，进攻速度快，攻势猛，正、反手攻击力强，打法积极，抢攻在前。近台两面攻打法应掌握的技术有：正手快点、快攻、快带、快拉、突击、扣杀、杀高球等技术；反手快点、快攻、快带、快拉、突击、扣杀等技术；侧身正手攻球和扣杀等技术。

20 世纪 50 年代的王传耀就是这一打法中具有代表性的一位。他的位置主要在中台，运用正手、反手进攻打法占据优势，王传耀运用这一策略曾多次获得全国单打冠军称号。庄则栋是 20 世纪 60 年代的典型代表。他主要专注于近台进攻，充分发挥前臂、手腕等关键部位的优势，提高击球的速度，形成了近台两面攻的打法，并蝉联三届世乒赛男子单打世界冠军。在 20 世纪 70 年代，日本选手河野满成了这种打法的标志性人物。他继承了日本正手攻球技巧和侧身意识等传统打法特点，同时也吸收了我国近台两面攻打法的优点，从而发展出了一种以近台为主，与中台相结合的两面攻打法，获得第 34 届世乒赛男子单打冠军。

（2）直拍左推右攻打法

直拍左推右攻战术是中国特有的打法战术，其特点有：站位靠近桌台，行动紧凑、速度快、步调灵活、正手攻击能力突出。与两面攻打法不同，运用直拍左推右攻技术时，反手需熟练运用以下技术，如快推、加力推、推挤、减力挡等反手攻球技术。

在 20 世纪 50 年代，这种打法主要是使用正手进攻，而反手挡则是助攻和防守的策略。随着反手推挡技术的新突破，逐渐确立了真正的左推右攻打法。傅其芳是 20 世纪 50 年代使用这一打法的典型代表，他通过正手快攻与反手推挡这一打法，并结合球路的变化，获取了主动权。在 20 世纪 60 年代和 20 世纪 70 年代，代表性人物如李富荣和李振恃，他们不仅提升了反手推挡和反手攻的技巧水平，还加强了侧身正手进攻的意识和能力，从而形成了一种结合左推右攻和侧身攻的创新打法。

（二）弧圈结合快攻类打法

在 20 世纪 60 年代初期，日本选手创造出一种新的打法技术——弧圈球。这一新技术的运用是在 1960 年，匈牙利随南斯拉夫乒乓球队出访日本后，日本运动员第一次成功使用这种手法，由此开辟了以拉弧圈为主的直拍新技术。1961 年在北京举行的第 26 届世界乒乓球锦标赛后，中国乒乓球运动员在原来直拍快攻打法的基础上又进一步研究日本弧圈球技术，并且逐步形成了具有中国特色的直拍弧圈结合快攻打法。到了 20 世纪 70 年代初期，欧洲的运动员们在不断摸索与实践中，将弧圈球的技巧推向了一个新的高度，并创立了横拍弧圈结合快攻的创新打法。目前，这一打法仍在延续其旋转的优势，但同时也在努力提高速度，技术上正朝着拉、冲、扣三重结合的方向发展。

1. 弧圈结合快攻类打法的技术特点

弧圈结合快攻类打法的主要技术特点是：站位中近台，正、反手两面拉，以正手拉为主，有一定快攻能力，以弧圈球为主要得分手段，用前冲弧圈球代替扣杀。

2. 弧圈结合快攻类打法的主要特点

（1）直拍弧圈结合快攻打法

该打法具有正手拉弧圈球出手速度快、路线灵活、旋转多变、进攻意识强、步法敏捷等特点。比赛时，运动员一般采用发球或者接发球等手段在对方前面实施抢冲（拉）攻，同时，在推挡动作时采用侧身抢冲以获得主动的优势。有时候，他们会用真假弧圈打乱对手的行动，给扣杀带来更大的机会。余长春、刁文元是 20 世纪 60 年代这一打法的代表人物，郭跃华则是 20 世纪 70 年代这一打法的典型代表人物。

直拍弧圈结合快攻打法应掌握的技术有：正手拉加转弧圈、前冲弧圈、快带弧圈、拉打台内球、中远台反拉弧圈，扣杀技术；反手快推、加力推、减力挡、推挤，以及中台反手攻技术；侧身正手拉、冲弧圈和扣杀技术。

（2）横拍弧圈结合快攻打法

这一打法特点是技术上相当全面，无论是正手还是反手都能拉出强烈的上旋、且具有较大的冲力的弧圈球，同时，在这一打法中，使用率最高的是侧身正手抢位、抢冲。在比赛过程中，战术指导思想通常是采用以转制快和以转破转的策略。

通过使用弧圈球产生的上旋冲力来迫使对手离开球台，或者利用旋转变化来干扰对方，或者用快慢拉球来打破对方的击球节奏，从而导致对方失误，或者给自己创造扣杀的机会。需要注意的是，横拍弧圈结合快攻打法的策略，要求球员在运用正手和反手时都能熟练地使用各种弧圈球技巧。以孔令辉为代表的中国式弧圈球打法稳中见凶、以快为主、快中见狠、快狠结合；以瓦尔德内尔为代表的瑞典式弧圈球打法全面均衡、狠快兼备、稳中带凶；以罗斯科普夫为代表的欧洲式弧圈球打法以狠为主、狠中见快、狠快结合，各具特色，形成了不同的流派。

（三）快攻结合弧圈类打法

快攻结合弧圈类打法第26届世界乒乓球锦标赛上，中国的近台快攻和日本的弧圈球，表现出鲜明的特点和强大的威力。26届世乒赛以后，中国有些选手在快攻的基础上，使用正贴海绵胶或反贴海绵胶开始学习拉弧圈球，并把快攻技术和弧圈技术结合起来加以运用，形成了以攻为主、弧圈为辅的打法。到了20世纪60年代后期，欧洲选手根据横拍攻球的特点，把中国的快攻和日本的弧圈球技术中的优点同欧洲的技术结合起来，创造了欧洲横拍快攻结合弧圈的新打法。

1. 快攻结合弧圈类打法的技术要点

快攻结合弧圈类打法的技术要点：近台快攻时有速度；正手拉弧圈球尤其是拉前冲弧圈球时，既有强烈的旋转，又有较快的速度；反手以快拨为主。正手快攻与拉弧圈相结合，快攻是主要的得分手段。在比赛中，这种打法能近台快抽、快拨和反攻，也能离台拉弧圈球相持或过渡，形成了能攻能防的比较全面的打法。

2. 快攻结合弧圈类打法的主要特点

（1）直拍快攻结合弧圈打法

这种打法的特点是站位较近台，以正手进攻为主要的得分手段。比赛时能快则快不能打快攻时，则以正手抢拉弧圈球来争取主动，为快攻或扣杀创造条件。在比赛中，用推攻结合拉弧圈的战术，获得良好的成绩。

直拍快攻结合弧圈打法应掌握的技术有：正手快攻、快带、扣杀、拉打台内球，拉加转弧圈和前冲弧圈球以及中远台反拉弧圈球等技术；反手快推、加力推、减力挡、推挤，以及中台反手攻球等技术；侧身正手攻球或拉弧圈等技术。

（2）横拍快攻结合弧圈打法

这种打法的特点是以快攻为主，以拉弧圈为辅。正手在中近台攻拉结合，反手则以近台快攻（又称快拨）为主。比赛时能快则快，先发制人；不能快攻时以拉弧圈球与对手相持或过渡，伺机进行反攻。

如王涛采用的是横拍快攻结合弧圈打法，正手反胶、反手生胶，其反手弹击、正手抢拉弧圈球、反带弧圈球技术令对手难以招架。它曾获得第43届、第44届世乒赛男团冠军。邓亚萍采用的也是横板快攻结合弧圈打法，正手反胶、反手长胶，以"快、准、狠"的技术风格和顽强拼搏作风，共获得18个世界冠军，是获得乒乓球世界冠军"大满贯"的女选手。

（四）削球和削攻类打法

在欧洲的传统打法中，削球类打法是较为冷门的打法之一，虽然打法较为冷门、偏门，但它在世界乒坛上是其他类型打法中历史最悠久的打法。20世纪30年代初期，胶皮拍的出现使击球过程中增加了球与球拍的摩擦力，从而使欧洲渐渐形成了以削为主的打法。20世纪三四十年代，由于早期削球战术和防守战术的相对稳定，因此削球类打法在世界乒坛上一直保持着领先地位。到了20世纪50年代初，日本的运动员在球拍上选择了海绵胶拍，其战术运用的是以攻为主，成功突破了欧洲的防御线，进而使得进攻能与防守相抗衡。这种战术在当时的世界乒坛上曾产生了很大影响。自20世纪60年代开始，随着中国近台快攻的兴起和欧洲弧圈球技术的持续进步，欧洲的削球打法已经陷入了一个被动的阶段。中国的削球选手通过不断的练习来加强削球旋转的变化，同时还对球拍进行了改革，提高了反攻能力，逐步形成了具有中国特色的以削为主结合反攻，攻削结合以及挡、攻、削相结合等多种打法。随着弧圈球技术水平的不断提高与广泛运用，为了使这一打法能在世界乒乓球界占有一席之地，我们应在强化削接弧圈球的同时积极促进旋转变化、落点变化及反攻能力的提高。

1. 削球和削攻类打法的技术特点

削球技术的特点概括起来有两点：第一是稳健性，第二是积极性。稳健性主要表现在站位离台较远，击球时间在来球的下降期，这样就使自己有较充足的准备时间；同时，由于来球的速度、旋转在下降期已经减弱，因此比较容易回击。积极性主要表现在落点变化和旋转变化上，运用加转与不转结合左、右、长短的变化，给对方的回击带来困难，造成被动或失误。

2. 削球和削攻类打法的主要特点

（1）直拍以削为主结合反攻打法

这是中国传统打法之一。其特点是：站位中远台、削球稳健、步法灵活，比赛时常以稳而低的削球先顶住对方的进攻，配合旋转和落点变化来调动对手，为反攻创造机会。这一打法在20世纪50年代以姜永宁为代表，在20世纪60年代以张燮林为代表，他们在许多重要的国际比赛中都曾取得过很好的成绩。

直拍以削为主结合反攻打法的技术有：正、反手削加转与前冲弧圈球、削轻拉球、接突击球、削中路球、接近网短球等技术、正、反手攻球技术。

（2）横拍以削为主结合反攻打法

这是欧洲的传统打法之一。中国在20世纪50年代初曾积极提倡过这种打法，到了20世纪60年代逐渐形成具有自己特色的削球打法。这种打法的特点是站位中近台，削球灵活多变，在比赛时常以加转下旋球结合不转球，并配合落点变化来调动对方，为反攻创造机会。这一打法在20世纪60年代以林慧卿、郑敏之、王志良为代表，20世纪70年代以陆元盛、黄亮为代表，他们在许多重要的国际比赛中都曾获得优异的成绩。

横拍以削为主结合反攻打法的技术与直拍打法基本相同。

（3）直拍挡、攻、削结合打法

这种打法是在中国传统的直拍以削为主结合反攻打法的基础上发展起来的，其特点是：技术比较全面，战术奇特多变。在比赛中常把挡、攻、削有机地结合起来，因人而异地变化运用，使对手难以捉摸、防不胜防。这一打法在20世纪70年代以葛新爱为代表，获得了优异的成绩，并取得了第35届世界乒乓球锦标赛的女子单打冠军。

直拍挡、攻、削结合打法的技术有：正、反手攻球、侧身攻球、推挡、搓球、拱球等技术；正、反手削弧圈球、削中路球、接突击球、接近网短球等技术。

（4）横拍攻削结合打法

大多是在以削为主结合反攻打法的基础上发展起来的。其特点是：技术比较全面，能攻能守，战术灵活多变，比赛中可因人因时而异地运用先攻后削或先削后攻的战术，使对手顾此失彼，难以适应。这一打法在20世纪70年代以梁戈亮为代表，他在许多重要的国际比赛中获得了良好的成绩。

三、乒乓球运动打法的取向

（一）加强直拍的创新

直拍打法是我国选手沿用的打法，多年来取得了很多优异的成绩，为祖国争得了荣誉。

表 2-5-2　中国队参加第 35—53 届世乒赛男、女单打冠军次数及直拍同横拍比例（%）[①]

届次	35	36	37	38	39	40	41	42	43	44	45	46	47	48	49	50	51	52	53	直拍选手比例（%）
男		▲	▲	▲	▲				●		▲	●		●	●	▲	●	●	●	46.2%
女	▲	●	▲	●	▲	●	●	●		●	●	●	●	●	●	●	●	●	●	6.3%

（注：▲代表直拍，●代表横板）

但是，我们可以看出近年来（表 2-5-2），我国优秀的直拍选手的比例明显下降，尤其是我国女队。中国女子乒乓球运动员从 39 届世乒赛至今，中国男子乒乓球运动员从第 40—44 届世乒赛，直拍选手就与单打冠军无缘。第 45 届世乒赛上，刘国梁的两面近台快攻结合革新的直拍横打技术，使直拍打法获得了新生，获得了 45 届世乒赛男单的冠军。

因此，对直拍技术的不断创新就是扩大反面技术的适用范围。对反面技术范围的扩大就是在直拍横打技术的反面技术基础上，将弧圈球、上旋球、攻防转换、相持转攻作为主攻方向，在实际训练过程中，细分击球手段，具体细分为利用反撕技术击打不转的上旋球、使用敲打技巧击打弧圈球，以及提高反手位的进攻、相持、转攻能力。

如：在以刘国梁为代表的直拍正胶打法的训练中，以快为主的前提下，加强连续进攻、相持和技战术实力；提高反手位进攻和相持的能力，反拉上旋球、弧圈球的能力，提高了相持的进攻性、稳定性和变化能力，创造了正手反面发球、正手反面拉球等项技术，起到出奇制胜的作用；精练台内、衔接技术及控制技术，使球风更加细腻，更具对抗性。以马琳为代表的直拍反胶反面，充分发挥了自身

[①] 张红玲. 高校学术文库体育研究论著丛刊 乒乓球教学与训练 [M]. 北京：中国书籍出版社，2019.

的优势，扩大了该打法的发展前景，主要体现在：提高了主动进攻的杀伤力，在速度、力量、落点、连续性和变化上狠下功夫，提高了反手位的进攻和相持，提高直拍横打的使用率和威胁；加强战术组合、精练前三板技术，以多变的发球和得力的抢攻给对方造成了极大的威胁；在接发球轮，强化训练冲杀半出台球和台内球的挑打技术；在相持中加强对付弧圈球的能力，特别是中台的反拉和中远台的对拉技术，摆脱了以往相持被动的局面。

（二）积极倡导横拍弧圈球打法

欧洲的运动员们在很久以前就已经开始采用横握拍这种打法了。该技术充分利用了运动员的肢体功能，科学地利用拍子的各个部分来拉出弧圈球，这样拉出的弧圈球虽然力量更大和旋转性更强，但带来了更大的威胁。此外，这种打法在进攻和防守上都有广泛的控制范围，动作迅速且有力，多年来一直是我国运动员的劲敌。在近几年中，欧洲选手更是吸取并采纳亚洲选手速度、灵活的特点，这一做法更加全面的完善了欧洲选手的技术。

当前，这种横拍弧圈球打法已被世界上众多运动员所采用。可见，横拍打法逐渐在乒乓球领域中占据了主导地位。这种打法的发展方向在于正反两方面进攻技术取得了均衡发展，逐步趋于一致。这一打法既显示出它凶狠、快速的特点，又比较灵活、积极。

（三）积极扶持"削球"打法

随着赛场上使用大球次数的增加，这为削球打法带来了更多的希望。这是因为大球的体积较大，重量也会相应增加，其在空中飞行时所面临的空气阻力也随之增大，这导致了球体飞行速度的减缓，进而增强了其在空中的稳定性。

在第47届世乒赛上，韩国朱世赫战胜了两大冠军，这两大冠军分别是庄智渊、马琳。在朱世赫入围决赛时，输给了施拉格，获得了男子单打亚军。在1969年第30届世乒赛上，德国球员绍勒尔霍德纳兹夺得单打亚军后，在这之后的世界乒乓球锦标赛上，削球运动员还未挺入决赛。直至朱世赫的出现，使得削球运动员在1969年后首次闯入男子单打决赛。朱世赫的出现明显增强了削球手的反击能力，从而实现了真正意义上的连续对拉。朱世赫打法的特点主要体现在三方面：一是突出了削球的速度；二是削球发力的动作做得非常出色，这使得球能够迅速地向前移动；三是在削球过程中，拉上旋球的能力更强。他展示出的这些技术特点，充分体现了削球运动员的热忱和主动性，这无疑为他们未来的削球技艺注入了更多的可能性和希望。

近年来，我国乒乓球在打法方面逐渐呈现单一化的现象，我们必须深化研究、大力扶持和创新多种打法，坚持"百花齐放"战略，始终坚持"敌无我有，敌有我精，敌精我变，敌变我新"原则。

第三章 乒乓球运动技术教学

本章论述了乒乓球发球技术教学，乒乓球接发球技术教学，乒乓球推、搓球技术教学，乒乓球的攻球技术教学，乒乓球的弧圈球技术教学。

第一节 乒乓球发球技术教学

发球技术是乒乓球运动中唯一不受对方来球制约的技术，可以让使用者最大限度地实现自己的战术意图，其主动性显而易见。正因如此，它也是最有潜力可挖的一项技术。在比赛中，采用变化多端的发球战术，常常能起到先发制人、取得主动的作用。因此，发球在比赛中占有重要地位。

发球、接发球和发球抢攻是乒乓球实战中的重要环节，一般统称为"前三板"。由于每一分球的争夺都是发球和接发球开始，所以处理好"前三板"往往能起到先发制人的作用，"前三板"技术是中国乒乓球队长盛不衰的法宝之一。随着无遮挡发球规则和2分一轮换的11分赛制的实施，对发球技术提出了更高的要求。发球质量的好坏对比赛胜负起着重要的作用。

发球的方法多种多样。从形式上划分，可分为低抛发球、高抛发球和下蹲式发球；从方位上划分，可分为正手发球、反手发球和侧身发球；按性质划分，可分为速度类发球、落点类发球和旋转类发球，如侧上、侧下、转与不转、长球、短球等。

一、发球技术共同关键点

发球技术一般由抛球、挥拍触球两部分组成。各类发球技术共同的关键点是：
（1）抛球要稳定，包括抛球的高度和抛球后球上升与回落的线路要稳定。

（2）触球点的高度要适当，发急长球时触球点要低些，发近网短球时触球点要高些。

（3）球在本方台面的着台点要适当，发长球时第一跳要在球台的端线附近，发短球时则在台中或靠近球网的位置。

（4）握拍时虎口不宜过死，以保证手腕和手指的灵活性。

（5）手腕的引拍动作要充分。

（6）球拍摩擦球的部位和用力方向要准确，尽量用相似的动作发出不同旋转的球。

（7）以前臂、手腕发力为主，但应注意腰部的协调配合，以提高发球的质量。以右手持拍为例，正手发球时，身体重心通常从右脚移至左脚，反手发球时则相反。

（8）每次触球之后，手臂都应顺势挥动，并迅速还原。

发球时的准备姿势有以下几种：

正手发球：左脚稍前，身体略向右偏斜，左手掌心托球置于身前偏右侧。

反手发球：右脚稍前，身体略向左偏斜，左手掌心托球置于身前偏左侧。

侧身发球：随着乒乓球技术的发展，越来越多的运动员采用了侧身发球，这样容易发出斜线大角度球，再配合发出直线球加以牵制，有利于将对手锁在中间，更便于自己运用正手抢攻。

二、发球的技术特点与动作方法

所谓发球技术，就是指通过发球时的战术、方法来达成一定的目的，比如先发制人、取得主动、突出困局等。发球的种类有很多种，下面选择几种常见的发球技术介绍（以右手持拍为例）。

（一）平击发球

1. 特点

平击发球分正手平击发球和反手平击发球两种。它是一种速度一般、力量轻、旋转弱、略带上旋球。其击球动作简单，是初学者最基本的发球方法，也是掌握其他复杂发球的基础。

2. 动作方法

（1）正手平击发球的动作方法（图 3-1-1）

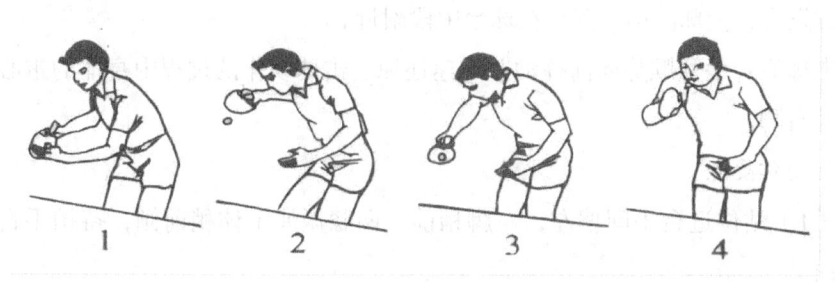

图 3-1-1　正手平击发球

站位：站位近台中间偏左，左脚稍前，身体略向右转。

击球前：左掌心托球置于身体的右侧前方，持拍手置于身体的右侧。左手将球向上抛起，同时右臂内旋，使拍面稍前倾，向身体的右后方引拍，身体的重心落在右脚。

击球时：当球从高点下落时，身体的重心由右脚转向左脚，同时腰带动上臂，上臂带动前臂从右后方向左前方挥拍；当球从高点下降至稍高于球网时，快速挥拍击球中上部向左前方发力，使球的第一落点在球台中段区域。

击球后：手臂顺势向前挥动并迅速还原。击球动作的过程中身体的重心由右脚移至左脚。

（2）反手平击发球的动作方法（图 3-1-2）

图 3-1-2　反手平击发球

站位：站位近台中间偏左，左脚稍前或两脚平行站立，身体略向左转，含胸收腹。

击球前：左掌心托球置于身体的左侧前方，左手将球向上抛起，同时右臂外旋，使拍面稍前倾，向身体的左侧后方引拍，身体的重心落在左脚。

击球时：当球从高点下落时，持拍手从身体的左侧后方向右前方挥动；当球从高点下降至稍高于球网时，腰带动上臂，上臂带动前臂快速挥拍击球中上部向右前方发力，使球的第一落点在球台中段附近。

击球后：手臂顺势向前挥动并迅速还原。击球动作的过程中身体的重心由左脚移至右脚。

3.动作要点

（1）站位近台中间偏左，左脚稍前，两膝微屈上体稍前倾，持拍手自然放于身前。

（2）抛球不宜太高。

（3）抛球同时持拍手向右后方引拍，拍面稍前倾，待球下落至稍高于网时，上臂带动前臂由右后方向左前方挥摆。

（4）击球点稍高于网。

（5）球的第一落点要靠近本方台面的端线。

（二）奔球（急球）

1.特点

奔球（急球）分正手奔球和反手奔球两种。奔球的特点是球速快、落点长、弧线低、前冲力强，具有较强的侧上旋。在比赛中，可运用奔球的速度和落点变化干扰对方，伺机抢攻。

2.动作方法

（1）正手发奔球的动作方法（图 3-1-3）

图 3-1-3　正手发奔球动作方法

站位：左脚稍前，身体略向右转。

击球前：左掌心托球置于身前的右侧，左手将球向上抛起，同时右臂内旋，使拍面稍前倾，手腕自然下垂，肘关节高于前臂，向身体的右后上方引拍，腰向右转，身体的重心落在右脚上。

击球时：当球从高点下降至接近于球网时，以肘关节为轴，腰带动上臂，上臂带动前臂从右后方向左前方抖动挥拍；快速挥拍击球右侧中部并向中上方向摩擦击球，使球的第一落点在接近自己的端线。

击球后：手臂顺势向前挥动并迅速还原。击球动作的过程中身体的重心由右脚移至左脚。

（2）反手发奔球的动作方法（图3-1-4）

图3-1-4　反手发奔球动作方法

站位：右脚稍前或两脚平行站立，身体略向左转。

击球前：左掌心托球置于身前偏左侧，左手将球向上抛起，同时右臂外旋，使拍面稍前倾，手腕自然适当放松，上臂自然靠近身体的左侧，向身体的左后方引拍，身体的重心落在左脚上。

击球时：当球从高点下降至接近于球网时，以肘关节为轴，腰带动持拍手手臂从左后方向右前方挥拍，摩擦球的左侧中上部，发力部位以腰部带动前臂为主，使球的第一落点在接近自己的端线位置。

击球后：手臂顺势向前挥动并迅速还原。击球动作的过程中身体的重心由左脚移至右脚。

3.动作要点

（1）站位近台左脚稍前，身体略向右转，两膝微屈上体稍前倾，持拍手自然放于身前。

（2）抛球不宜太高。

（3）抛球同时持拍手向右后上方引拍，手腕放松拍面较垂直，待球下落至与网同高时，上臂带动前臂由右后方向左前方挥摆，腰同时向左转动。

（4）击球瞬间的挥拍速度要快。

（5）击球点与网同高或稍低于网。

（6）击球刹那拇指压拍的左侧，手腕同时从后向前加速抖动，球拍沿球的右侧中部向侧上摩擦。

（7）球的第一落点要靠近本方台面的端线。

（三）正手发转与不转球

1.特点

正手转与不转球发球的手法相似，隐蔽性大，发出的球旋转差异大、球速慢、球的前冲力小。在比赛中，转与不转配套使用，通过旋转的变化迷惑对方，造成对方判断错误，从而破坏对方的接发球技术，为自己的发球抢攻创造有利条件。

2.动作方法

（1）正手发下旋球的动作方法（图3-1-5）

图3-1-5　正手发下旋球动作方法

站位：左脚稍前，右脚在侧后方。

击球前：左掌心托球置于身前的右前侧，左手将球向上抛起，抛球的同时持拍手向右后上方引拍，右臂外旋，使拍面后仰，手腕外展，腰向右转，身体的重心落在左脚上。

击球时：当球从高点下落时，腰带动右臂，从右后方向左前下方挥动；当球落至网高时，前臂快速向左前下方挥动，手腕内收，用球拍的下半部触球，向球的底部快速摩擦，同时手指、手腕在触球的瞬间加强爆发力。

击球后：手臂顺势向前挥动并迅速还原。击球动作的过程中身体的重心由左脚移至右脚。

（2）正手发不转球的动作方法（图3-1-6）

图3-1-6　正手发不转球动作方法

站位：左脚稍前，右脚在侧后方。

击球前：左掌心托球置于身前的右前侧，左手将球向上抛起，抛球的同时持拍手向右后上方引拍，右臂外旋，使拍面后仰（后仰角度小于正手发下旋球），手腕外展，腰向右转，身体的重心落在左脚上。

击球时：当球从高点下落时，腰带动右臂，从右后方左前下方挥动；当球落至网高时，前臂快速向左前下方挥动，手腕内收，用球拍的中上部撞击球的中下部，尽量使作用力接近球心，形成不转球。

击球后：手臂顺势向前挥动并迅速还原。击球动作的过程中身体的重心由左脚移至右脚。

3. 动作要点

（1）抛球不宜太高。

（2）发转球时，拍面稍后仰，切球的中下部；应注意手臂的前送动作。

（3）发不转球时，击球瞬间减小拍面后仰角度，增加前推的力量。

（四）反手发转与不转球

1. 特点

反手转球与不转球发球的特点与正手不转球的基本相同，一般横板两面攻打法的运动员多采用这种发球技术，在落点上运用长、短球和斜、直线的配合，有利于第三板的抢攻。

2. 动作方法

（1）反手发下旋球的动作方法

站位：右脚稍前或两脚平行站立，身体略向左偏斜。

击球前：左掌心托球置于身前的左前侧，左手将球向上抛起，抛球的同时持拍手向左后上方引拍，右臂内旋，使拍面后仰，横握球拍的手腕内收，直握球拍的手腕做伸，腰向左转，身体的重心落在右脚上。

击球时：当球从高点下落时，腰带动右臂，从左后上方向右前下方挥动；当球落至网高时，前臂快速向左前下方挥动，横拍手腕外展，直拍手腕做屈，以前臂和手腕发力为主，用球拍的前半部从球的中部向底部摩擦。

击球后：手臂顺势向前挥动并迅速还原。在击球动作的过程中身体的重心由右脚移至左脚。

（2）反手发不转球的动作方法

站位：右脚在前或两脚平行站立。

击球前：左掌心托球置于身前的左前侧，左手将球向上抛起，抛球的同时持拍手向左后上方引拍，右臂内旋，使拍面后仰（后仰角度小于反手发下旋球），手腕内收，腰向左转，身体的重心落在右脚上。

击球时：当球从高点下落时，腰带动右臂，从左后上方向右前下方挥动；当球落至网高时，前臂快速向右前下方挥动，手腕外展，用球拍的中上部撞击球的中部或稍下的位置，尽量使作用力接近球心，形成不转球。

击球后：手臂顺势向前挥动并迅速还原。击球动作的过程中身体的重心由右脚移至左脚。

3. 动作要点

（1）抛球不宜太高。

（2）发转球时，拍面后仰，从球的中部向底部摩擦；注意手臂的前送动作。

（3）发不转球时，击球瞬间减小拍面后仰角度，增加前推的力量。

（五）正手发左侧上（下）旋球

1. 特点

正手发左侧上（下）旋的手法相似，隐蔽性大，用近似的发球方法发出两种旋转方向完全不同的球。在比赛中，通过旋转的变化很容易迷惑对方，造成对方判断错误。它的动作幅度小，出手快，所发出的球具有较强的左侧旋，飞行弧线向对方左侧偏拐，对方回击的球左侧上（下）反弹。有较大的威胁性，是运动员运用较多的发球技术。

2. 动作方法

正手发左侧上（下）旋球：发左侧上旋球与发左侧下旋球的区别在于手臂应从右后方向前下挥动，使拍从球的中下部向左侧下摩擦（图 3-1-7）。

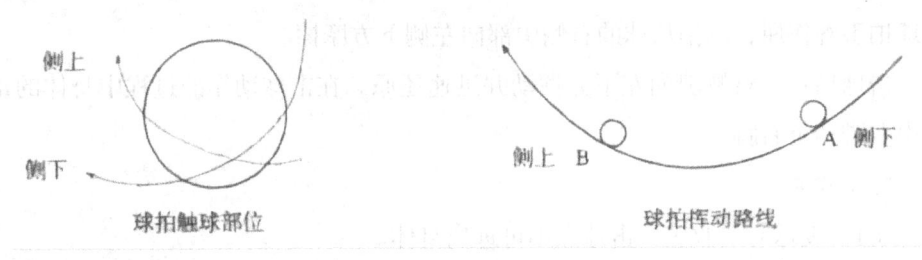

图 3-1-7

（1）正手发左侧上旋球的动作方法（图 3-1-8）。

图 3-1-8 正手发左侧上旋球

站位：站位左半台，左脚在前，右脚在侧后方，身体略向右转。

击球前：左掌心托球置于身前的右前方，左手将球向上抛起，抛球的同时持拍手向右后上方引拍，右臂外旋，使拍面稍后仰，身体右转。若横握球拍，手腕外展，身体的重心落在左脚上。

击球时：当球从高点下落时，腰带动右臂，从右后方向左下方挥动；当球落至网高时，前臂、手腕加速从右上方向左下方挥动，横握球拍手腕内收，直握球拍手腕作屈，球拍从球的右侧中部向左侧上方摩擦，并微微勾手腕以增强上旋。

击球后：手臂顺势向左下方挥动并迅速还原。在击球动作的过程中身体的重心由左脚移至右脚。

（2）正手发左侧下旋球的动作方法

站位：站位左半台，左脚在前，右脚在侧后方，身体略向右转。

击球前：左掌心托球置于身前的右前方，左手将球向上抛起，抛球的同时持拍手向右后上方引拍，右臂外旋，使拍面稍后仰，身体右转。若横握球拍，手腕外展，身体的重心落在左脚上。

击球时：当球从高点下落时，手臂从右后方向左下方挥动；当球落至网高时，前臂、手腕加速从右上方向左前下方挥动，腰配合左转。横握球拍手腕内收，直握球拍手腕作屈，球拍从球的右侧中部向左侧下方摩擦。

击球后：手臂顺势向左下方挥动并迅速还原。在击球动作的过程中身体的重心由左脚移至右脚。

3. 动作要点

（1）发球时要收腹，击球点不可远离身体。

（2）尽量加大由右向左挥动的幅度和弧线，以增强侧旋强度。

（3）发左侧上旋时，击球瞬间手腕快速内收，球拍从球的中部向左上方摩擦。

（4）发左侧下旋时，拍面稍后仰，球拍从球的中下部向左下方摩擦。

（六）反手发右侧上（下）旋球

1. 特点

反手发右侧上（下）旋的手法，隐蔽性大，用近似的发球方法发出两种旋转方向完全不同的球。所发出的球具有较强的右侧旋，飞行弧线向对方右侧偏拐，对方回击的球向右侧上（下）反弹。

2. 动作方法

反手发右侧上旋球与反手发右侧下旋球的区别在于触球瞬间，拍面略后仰，拍从球的中下部向右侧下摩擦（图3-1-9）。

图 3-1-9　反手发右侧上（下）旋球

（1）反手发右侧上旋球的动作方法（图 3-1-10）

图 3-1-10　反手发右侧上旋球

站位：站位左半台，左脚稍前或平行站立，身体略向左转。

击球前：左掌心托球置于身前的右前方，左手将球向上抛起，抛球的同时持拍手向左后上方引拍，同时右臂内旋，使拍面稍后仰，腰略向左转。若横握球拍，手腕内收，身体的重心落在右脚上。

击球时：当球从高点下落时，手臂从左上方向右下方挥动；当球落至网高时，前臂、手腕加速从左上方向右下方挥动，同时配合转体动作，使腰、上臂、前臂、手腕协调有力。在触球的瞬间，球拍从球的中下部向左侧上方摩擦。

击球后：手臂顺势向右下方挥动并迅速还原。击球动作的过程中身体的重心由右脚移至左脚。

（2）反手发右侧下旋球的动作方法

站位：站位左半台，右脚稍前或平行站立，身体略向左转。

击球前：左掌心托球置于身前的右前方，左手将球向上抛起，抛球的同时持拍手向左后上方引拍，手臂内旋，使拍面后仰（角度大于发上旋球），身体略向左转。若横握球拍，手腕内收，身体的重心落在左脚上。

击球时：当球从高点下落时，手臂从左后方向右下方挥动；当球落至网高时，前臂、手腕加速从左上方向右前下方挥动，腰配合左转。横握球拍手腕内收，直握球拍手腕外伸。触球的瞬间，球拍从球的中下部向右侧下方摩擦。

击球后：手臂顺势向右下方挥动并迅速还原。击球动作的过程中身体的重心由右脚移至左脚。

3. 动作要点

（1）注意收腹和转腰动作。

（2）充分利用手腕转动配合前臂发力。

（3）发右侧上旋球时，击球瞬间球拍从球的中部向右上方摩擦，手腕有一个上勾动作。

（4）发右侧下旋球时，拍面稍后仰，击球瞬间球拍从球的中下部向右侧下摩擦。

第二节　乒乓球接发球技术教学

接发球是指回接对方发球时使用的各种方法，是乒乓球技术的重要组成部分。发球与接发球如图"矛"与"盾"针锋相对，二者对运动员赢得比赛具有同样重要的意义。

乒乓球比赛首先是从发球和接发球开始的，每一局比赛双方接发球和发球的机会相同，每一分的争夺都是由接发球开始的。接发球者必须在瞬间之内精准、迅速、到位地把"判断""移位"和"回击"这三个环节完成，必须在夹缝中为自己创造机会。合理的接发球技术能有效地调动和控制对方，扭转相对被动的局面，给自己创造进攻的机会。

随着无遮挡发球规则和11分赛制实施，在乒乓球比赛中，积极主动、抢先上手成为总体战术的风格。接发球成为争取主动的前沿，在相对被动的状态中，在控制的基础上，增大了上手的比例，争取主动是接发球的基本指导思想。

一、接发球站位与判断

（一）站位的选择

要接好对方的发球，首先必须根据对方的站位情况选择自己的站位，为自己的进攻创造有利条件。若对方站在球台左半台发球，接发球的站位应偏左侧；若对方在右半台发球（一般是左手持拍运动员），接发球的站位不应太靠左而应略偏向中间，有利于及时保护自己右边的空当。为了照顾整个台面，又有利于前后移动，接发球站位离球台约30—40厘米为宜。

其次，接发球应根据个人特长与习惯的旋转接发球站位。如：进攻型运动员站位略靠前，防守型运动员站位则略靠后；两面攻运动员站位则靠中间，有利于两面起板进攻。

总之，接发球站位的选择，既要考虑防守的全面性，又要有利于自己特长技术的发挥。

（二）接发球的判断

正确的判断是接好发球的首要环节。由于接发球对发球者在技术上没有任何限制，能让发球者占有主动性，发球方可发出速度、落点、旋转不同的球，对于接发球方来说，正确的判断显得尤为重要。只有正确的判断，才能采用合理的回球方法，化被动为主动。接发球的判断可从以下几个方面考虑：

1. 方向的判断

来球方向由对方发球时挥拍击球的方向和挥臂方向两部分组成。根据来球方向不同一般分为斜线球和直线球。发斜线球时拍面向侧偏斜，手臂向斜前方挥动；发直线球时，拍面与手臂均向前挥动。

2. 旋转判断

旋转取决于拍面触球的部位及球拍瞬间摩擦球的方向两个因素。不同的拍面触球的部位及摩擦球的方向可发出各种不同旋转的球。在判断球的旋转时，可从拍型、运动轨迹、弧线和出手四方面考虑。

（1）拍型：拍型决定发球时球拍触球的部位，从而发出不同旋转的球。一般情况下，发上旋时拍型比较竖；发下旋时，拍面后仰从球的中上部向底部摩擦；从左向右挥拍击球是右侧旋；从右向左挥拍击球是左侧旋。转的球击球时拍面后仰的角度大，不转的球则相反。

（2）运动轨迹：一般来讲，发上旋和不转球时，球拍触球的瞬间，手腕摆动的幅度不是很大；在发下旋和侧下旋时，手腕摆动相对大一点儿，增加球在拍面上的摩擦距离，使球产生强烈的旋转。

（3）弧线：上旋球和不转球的运行速度一般比较快，常有向前"窜拱"的感觉，发短时球弧线低平，容易出台；下旋球的运行比较平稳，弧线略高，发短球时不易出台。

（4）出手：发上旋球和不转球一般出手较快；发下旋球的出手相对慢一些，因为球需要足够的摩擦时间，才会使球产生强烈的下旋效果。

判断来球的旋转，仅有理论上的认识远远不够，主要还是在实践中反复探索，达到熟练的程度，才能在比赛中得心应手。

3. 落点判断

来球的落点取决于对方击球的力量、方向和旋转。根据来球长短不同可分为长球、短球和半出台球。

（1）对长球的判断：一般情况下，击球力量大，球的第一落点在本方球台的端线附近，发出的球多为长球。在力量相同的情况下，上旋球和不转球的飞行速度明显高于下旋球；如果发侧上、侧下旋斜线长球，球的第二弧线有侧拐的特点。

（2）对短球的判断：发短球时，手上不能发很大的力，因此短球很难发挥速度的优势，主要是考虑发球的落点和旋转。一般来讲，球的第一落点越靠近球网，球的第二落点就越短。

（3）对半出台球的判断：对半出台球的判断是接发球判断中难度较大的一项技术。在判断不出半出台球时，首先，根据旋转性质而定，侧上旋球和不转球比侧下旋球和下旋球容易出台。其次，根据发球者的特点而定，要仔细研究发球者在发半出台球时，哪种容易出台，哪种不容易出台，正手容易出台还是反手容易出台等。此外，在接半出台球时，出手一定要果断。

二、接发球的方法

接球的方法很多，归纳起来大体有：搓、托、推、吸、摆、拱、切、拧、撇、挑、吊、带、撕、敲、拉、冲、打等多种综合性技术组成的。在比赛中，运动员可根据自己的特长，或根据战术的需要选择如何接发球，以便争取比赛的主动权。

下面介绍几种常见的乒乓球接发球技术。

（一）搓接

所谓搓接，一般多用于接短球，不提倡接长球用搓接，这是中国运动员技术打法的独到之处。搓球的动作小，出手快，隐蔽性强。

搓接的动作要领：拍面后倾，根据球的旋转强度，向前、向下击球。这虽然是一种最原始的接发球的方法，但也是最基本的技术之一。搓接的力量主要是来自小臂、手腕、手指三个部位，用其合力搓出不同的变化，而且又能把球搓得很低，控制住对方。在搓接时，手腕放松是核心。放松了才能控制住球，达到随心所欲。

在长期的运用实践中，运动员根据自身特点，对这一技术进行了很细致的划分，比如：有快搓、慢搓、搓长、搓短等。搓长技术是和摆短配合运用的快搓底线长球，它以速度和突然性为特点。在搓长时，手法尽量与摆短相似，以前臂发力为主，手腕的摆动不宜过大，以免影响手上对球的感觉。

（二）托接

所谓托接，就是在搓球的基础上，拍子不仅向前用力，而且是在触球时向上抬一下，为了避免球过高，拍子不能太后倾，比搓球要立一些。

托接的动作要领：拍面在球的底部向前、向上"包"一下的感觉，即用拍子在球的底部画一个下弧（小半圆），用前弧（靠身体一侧）触球，向前、下用力，是弱下旋；用弧底触球，向前平动用力，是强下旋；用后弧触球，向上用点力，是不转球。托球是对付不出台的强下旋球，进行过渡的最好办法。

（三）推球

所谓推球，就是推挡技术。

推球技术要领：在推挡时，两脚站位与肩同宽，后脚跟稍抬起，身体重心提高。触球主要靠手和小臂向前发力，直握拍手的大拇指要伸开，主要靠食指和虎口控制住拍型角度。中指和无名指要在拍后用力顶住拍子，配合发力。

推球主要用于不转球和弱上旋球；挡球主要用于强上旋球，就是借力把球"封"过去。在运用上还有大力推挡，如蒋鹏龙推出的球特别有力量。另外还能推下旋球，这就改变了对不出台的下旋球只能靠搓接的老办法，这样推过来的球又平又快，还有点儿下旋，会给对方造成麻烦。

推球的动作要领：触球瞬间拍面要后倾，并把拍子插到球底部，向前推的时候，大拇指松开，变拍子后倾为前倾，推挡是一项重要的基本功，也是"封"球的重要技术。

（四）摆接

所谓摆接，是搓短球的一种摆短的有效方法。它最大的特点是出手快、突然性强能有效地限制对手的拉、攻上手。

摆接动作要领：引拍不宜过高，拍形略立，在来球的上升期，触球中下部以向下方发力为主。击球时手腕瞬间有一较小的制动，在自己发力的基础上适当借对方来球的力量，才能摆出高质量的短球。

在用摆短接发球时要特别注意三个问题：

第一，在上升期触球的中下部，突出"快"。

第二，手臂离身体要近一些，离得远就很难控制这种精细的技术，还会影响准确性和质量。

第三，手臂不要过早伸入台内，这样不能形成较合理的节奏感，难以体现出手快的特点。

（五）切接

所谓切接，常指的是一种侧切的技术。在世界上直握拍选手马琳、横握拍选手孔令辉他们在大赛中常用侧切的技术从被动转为主动，往往还能直接得分。

切接的动作要领：拍面半立，根据来球的不同旋转和强度，一般与地面是在45°到65°之间角度。不论是左和右侧切拍头都要伸出去手臂与身体的内夹角右手侧切一般在60°至70°，左手侧切一般在30°至40°。切出的力量是用上臂把前臂送出，在球的上升期或最高点将球侧切出去，运用的是前臂、手腕和手指的合力。击过去的球不但平直而有侧拐。由于球的节奏发生了变化往往给对手造成措手不及，对不上节奏的感觉。

（六）吊接

所谓吊接，又称为"放"，但绝不能只认为是放高球，两者有着一定的不同。吊接往往重于战术，吊到对方的空位用于过渡，调动对方争取主动。一般直握拍选手运用的多。

吊接的动作：不论在正位还是在反位，正、反手持拍基本立直。当迎住球时挥拍主要向上、稍微向前用力，吊接过去的球弧线不高有一定上旋，速度不快有点飘，还有一定下沉感，对方回球时很难借上力。放高球也是吊接的一种，但往往是在极为被动的情况下所采用的。

放高球和吊球在落点上有区别，吊球的一般落点是在中、近台，放一般是在对方的端线附近，既跳得很高又向前飘拱还有左、右侧拐。第48届世乒赛梅兹放的高球，作为国家队的顶级高手王浩和郝帅都不适应最后落败。

（七）带接

所谓带接，是一种对付上旋球的较好的办法。其特点是能够借上对方的力再往前带过去的球弧线低，而且往前拱，给对方的连续进攻造成一定的困难。特别是对方正、反手拉起来的弧圈球，用快带的方法变线稳定性强，过去的球速快。马琳的快带做得较好。

快带的动作要领：快带的主要是调整击球的位置并根据来球高低、上旋强度来调整拍子前倾的幅度。要在上升期把球带过去，用手腕的调整进行变线。快带时整个过程中手腕放松触球有利于微调球的弧线、落点并增强手感。主要是用小臂、手腕、手指三个部位发力，主要是借力击球。快带时身体重心也要提起来。以防止球出界。

（八）拉接

所谓拉接，是我们常说的那种提拉球。一般是用来对付长球的方法。

拉接时要注意第一时间与第二时间的本质区别。手高于球台或基本与球台在一个平面上时可认为是第一时间。此时拉接容易发上力能够保证一定的准确性，它能在时间上争取主动。手低于台面接触球一般情况下就可以认为是第二时间。第二时间接触球时，就需要适当的调整，在力争压低弧线的同时主要是要用落点来控制对方。初学者在开始练习拉接时要多注意练习在第一时间拉球，体会发力击球时对旋转的感觉。等到水平达到一定程度后再有意识的练习第二时间拉接的手上感觉。

拉接的动作要领：拉与冲的动作基本差不多，只不过拉球在力量和旋转上，都没有冲接大，动作幅度也没有冲球的幅度大。拉接往往用于过渡，而冲接一般用于进攻。两者在撞击和摩擦结合的比例也基本是一样的。

反手侧拉的动作要领：以右手持拍为例，大臂抬起端平小臂和手腕自然下摆屈收到右腑下离右肋20厘米左右。用转腰、大臂带动小臂、甩腕子向左前方"包"球发力。拍子运行轨迹有一个左内弧线，由于拍头朝下及拍面的左右倾斜度的不同，所以能侧拉出左侧上旋球、左侧旋球和左侧下旋球三种旋转。拍面前倾能拉出左侧上旋球、拍面立直能拉出左侧旋球、拍面后倾能拉出左侧下旋球。反手侧拉技术在实战中取得了很好效果。

（九）冲接

所指的冲接实际上是指的冲弧圈球。在当前的乒乓球运动中，冲接是常见也是重要的技术手段，这是因为这一手段适用于过渡、控制、相持、抢攻。至今为止，冲弧圈球的发展中有两个关键点值得我们密切关注。首先，关于弧圈球与爆冲的发展及其应用；其次，当进行半出台球的冲接时，需要有足够的胆识和勇气。

冲接动作要领：引拍的幅度不能太大，两臂要靠近球台，击球点一般要在台面以上。重心以前臂、手腕骤然前移、发力为主，类似小前冲。在这一过程中抬高重心是非常重要的。这类球型比短球型长、长球型短，所以冲接时须给球以充分的力量和保证冲击性，从而实现冲接的目的。

（十）打接

所谓打接，就是我们常说的攻打技术，在接发球中是一项难度较大的动作技术，主要用来对付长球和高球。

打接动作的要领：首先确保拍面是垂直的，然后根据球的旋转强度来适时调整拍面的角度。面对强烈的下旋球动作，其拍面需要轻微地仰起；在处理上旋球的时候，拍面应该稍微前倾。由于击球部位与身体重心位置不同，对球拍也就有了一定要求。例如，在击打高吊弧圈球的时候，必须实现盖打的效果，即用拍子从上到下盖在球上，拍的前倾度很大，在使用过程中，基本上以击打为主，稍有摩擦。在进行打接时，对拍子的角度有很高的标准，需要经过持续的训练才能逐渐理解、感悟。

由于现代乒乓球比赛中发球旋转变得极强，突然性及速度与以往有很大不同，这对攻打技术在实践中的运用无疑提出了很大的挑战。开始阶段运动员接发球选择攻打的机会比较小。攻打虽然是乒乓球核心技术之一，但是其对于比赛的影响也很明显。

三、接发球主要战术

（1）以搓球、削球的旋转变化和落点变化来削弱对方的攻势。

（2）用快搓、摆短球遏制对方发力抢攻（拉冲）。

（3）以快拨、推挡和提拉等技术回接，争取形成对攻局面。

（4）力争抢拉、抢攻在先，以免陷入被动局面，由于发球主动、多变，接发球已向全方位、多手段的方向发展。

四、接发球的注意事项

（1）在练习接发球之前，必须了解各种来球的旋转性能，才能有计划地进行练习，不至于陷入盲目性。

（2）判断是接发球的重要环节，因而必须时刻观察对方触球一瞬间的动作变化和来球的具体特征。

（3）出手果断。有了正确的判断之后，果断地采用相应的方法进行回击，千万不能犹豫。

（4）接发球从形式上看是被动的，但在思想上和回接方法上应力争主动，抢先上手。

五、接发球的训练方法

（1）通过理论上的讲解，了解各种旋转的性能。

（2）单一接发球练习。

①规定一种发球的旋转和落点，自己用一种或几种方法接。可集中精力熟悉一种发球。

②规定一套发球变化的规律（如，一长一短、一转一不转等）；自己用一种或几种方法接。在分辨不清某种发球的旋转变化时，用此练习效果最好，可提高判断能力。

③不限制发球的变化规律，全面练习接发球的技术。此法与实战结合紧密。

（3）对方发球后结合抢攻条件下的接发球练习，可进一步提高接发球的控制能力，及时得到反馈，了解接发球的效果。

无论是单纯的发、接发练习，还是对方发球后结合抢攻条件下的接发球练习，都必须对接发球提出具体的要求，或抢攻、或摆短、或撇、或挑起来……总之，不能是毫无要求的泛泛练习。

第三节　乒乓球推、搓球技术教学

推挡是我国直拍快攻打法的基本技术，推挡技术也是在"挡"的基础上发展起来的，属借力与自发力的合力回球的一种既可防守和控制，又可辅助进攻的一种基本功底。推挡站位近、动作小、落点多变、速度快并具有一定的力量，所以在比赛中能主动调动和压制对方，为正手攻和侧身攻创造有利时机，在被动和相持时还可以起到积极防守和从相持转主动的作用。推挡球包括平挡、快推、加力推、减力挡、推下旋、推侧旋、推挤、反手拨等。

推挡的站位及准备动作：根据运动员身材的不同，站位离台40—50厘米，两脚开立，比肩略宽，左脚稍前，右脚稍后，或两脚平行，在球台左半台的1/3处；上体略前倾，身体重心在两脚之间，双膝微屈；拍面呈半横状，拍面垂直或稍前倾；握拍时食指稍用力，拇指放松，上臂和肘部自然身体右侧，上臂与前臂的夹角约为100°，肩关节放松。

一、推挡的特点与动作方法（以右手持拍为例）

（一）平挡

1. 特点与作用

击球员用球拍借助对方来球的反弹力进行挡击的一种技术。具有球速慢、力量轻的特点。由于动作简单、容易掌握，是初学者的入门技术。练习挡球能熟悉球性，体会击球时间，击球拍型和发力方向，易于提高控制球的能力。在对方进攻时挡球也可作为防御的一种手段。

2. 动作方法

（1）击球前

①站位：两脚平行或左脚稍前站立。身体离球台40—50厘米，两脚开立约与肩宽，两膝微屈。

②引拍：球拍置于腹前，手臂自然弯曲，前臂外旋，使拍面垂直，拍头呈半横状，约与台面垂直，将球拍引至身体的前方，上臂和肘关节靠近身体右侧。

③迎球：当来球从台面弹起时，手臂稍向前方迎球。

（2）击球时

①击球时间：在来球的上升期击球。

②击球部位：击球的中部。

③发力部位及方向：食指用力、拇指放松、前臂和手腕向前推出，借力还击，前臂发力为主。

（3）击球后

手臂、手腕随势前送，并迅速还原成击球前的准备姿势（图3-3-1）。

图3-3-1　平挡

（二）快推

1. 特点与作用

快推的动作小，回球速度快，有斜、直变化。在对攻和相持中运用对推两大脚或突击对方空当，能争取时间，使对方左右应接不暇，造成对方直接失误或漏出机会为自己正手或侧身强攻创造条件。适用于对付旋转较弱的拉球、推挡球和中等力量的突击球，是快攻类打法中最常见的一种基本技术。

2. 动作方法

（1）击球前

①站位：站位近台偏左，两脚平行站立或左脚稍前。

②引拍：手臂自然弯曲，前臂外旋，使拍面稍前倾，将球拍引至身体的前方，上臂内收自然靠近身体右侧，击球前前臂稍向后引（动作要小）。

③迎球：当来球从台面弹起时，手臂迅速向前方迎球。

（2）击球时

①击球时间：在来球的上升期击球。

②击球部位：击球的中上部。

③发力部位及方向：食指用力，拇指放松，手臂主要向前稍微向上辅助发力，前臂发力为主。

（3）击球后

手臂随势前送，并迅速还原成击球前的准备姿势（图3-3-2）。

图3-3-2 快推

（三）加力推

1. 特点与作用

比赛时加力推回球力量、球的速度快、落点多变，这样可迫使对方后退，处于被动防守。在配合减力挡使用时能更加有效地牵制对方以取得主导地位，在推挡中加力推这种手法威胁更大。它适合处理速度慢，旋转能力弱的上旋球或力量较小的攻球及推挡。

2. 动作方法

（1）击球前

①站位：站位近台偏左，两脚平行站立或左脚稍前身体略左转。

②引拍：前臂外旋使拍面稍前倾，收肘引拍至左胸前，应与网高同高或略高。

③迎球：来球弹起时，身体重心略上提；以转髋带动腰、腰带动手臂挥拍迎前。

（2）击球时

①击球时间：在来球的上升后期或高点期击球。

②击球部位：击球的中上部。

③发力部位及方向：击球瞬间，大、小臂之间夹角快速打开、肘关节快速前

送上臂，并用中指顶住拍背向前用力。前臂、手腕向前下方推出，上臂、前臂、手腕同时发力，腰、髋辅助发力。

（3）击球后

手臂随势前送，并迅速还原成击球前的准备姿势（图3-3-3）。

图 3-3-3　加力推

（四）减力挡

1. 特点与作用

减力挡回球具有较低的弧线、较短的落点和较小的威力，通常在加力推或正手发力以迫使对方离开舞台之后才会使用这一方法。在双方对攻相持的情况下，可以在加力推来迫使对方远离球台进行防御，或者在遇到对方回势不大且旋转较弱的球时，利用减力挡来改变球的力量和落点，从而调动对方的力量，让它前后移动，然后在适当的时机用正手或侧身去抢攻，这样更容易获得主动权。

2. 动作方法

（1）击球前：

①站位：两脚平行站立或左脚稍前，身体离台约40厘米。

②引拍：前臂外旋使拍面稍前倾，前臂稍收使拍面略高，放至身前。

③迎球：当球在台面弹起时，手臂向前迎球，同时身体重心略升高。

（2）击球时

①击球时间：在来球的上升期击球。

②击球部位：击球的中上部。

③发力部位及方向：拍触球一瞬间，手臂和手腕稍向后收，以缓冲球撞击拍的力量，身体的重心略向前移。

（3）击球后

手臂和手腕继续向后随势回收，并迅速还原成击球前的准备姿势（图3-3-4）。

图3-3-4　减力挡

（五）推下旋

1. 特点与作用

推下旋具有回球落点长、弧线低、有下旋和落台后下沉快等特点。在对攻战术中，下旋推挡可以通过改变回球的旋转特征，让对方攻下网、推下网，或者使对方在对推时不易发力，使其陷入被动。但考虑到下旋推挡用力不宜太强，而且用其与上旋球抗衡具有一定挑战性，因此更适宜作为辅助技术而非主要推挡技术。它适合应对来自对方的侧下旋球、用长胶及防护胶皮打过来的球及带下旋的推挡球等。

2. 动作方法

（1）击球前

①站位：左脚稍前，身体离台约40厘米，重心偏高。

②引拍：前臂内旋，拍面稍后仰，肘关节后引，将球拍引至身体前上方。

③迎球：当球在台面弹起时，手臂向前下方迎球。

（2）击球时

①击球时间：在来球的高点期或下降前期击球。

②击球部位：击球的中下部。

③发力部位及方向：拍触球一瞬间，前臂向前下推切，手腕可适当向前切一下，以增大球的下旋。

（3）击球后

手臂和手腕继续向前下方随势挥动，并迅速还原成击球前的准备姿势（图 3-3-5）。

图 3-3-5　推下旋

（六）推挡技术易犯的错误及纠正方法

（1）击球时手腕上翘或下垂，动作僵硬不协调，控球能力差。

纠正方法：固定拍型，拍型呈半横状。

（2）上臂和肘部离开身体右侧，影响推球的速度和用力，动作不稳定。

纠正方法：击球时上臂靠近身体右侧。

（3）击球时，拍面过于前倾或后仰，会导致球下网、球过高或出界。

纠正方法：击球前，固定拍面角度。

（4）站位时，左脚过于靠前，难以运用腰、髋之力，影响了推挡的力量，也不利于回击左大角的来球。

纠正方法：两脚平行开立或左脚稍前。

（5）只有手臂动作，不会运用身体重心的力量，动作不协调，缺乏稳定性，因而推挡中难于发大力。

纠正方法：注意腰、腿的协调用力。

（6）手腕太活，拍面角度不稳定或手腕发力过早，球的落点不稳定。

纠正方法：击球时，手腕相对固定，手腕适当配合发力。

（7）站位过死，不会经常随来球位置的变换用小范围的移步来取得正确的击球位置。

纠正方法：在击球的过程中，配合步法移动，调整适当的击球位置。

（七）推挡技术的注意事项

（1）两腿分开，比肩略宽，左脚稍前或两脚平行站立，这样的站位便于照顾正手。

（2）反手推挡时，拇指放松，食指压拍，中指第三个关节顶住拍，虎口和拍柄有一点儿空隙。

（3）引拍的位置在腹前，由后向前上推，手腕相对固定，略加一点点手腕，不要用太多手腕。

（4）推挡时，肘关节一定要靠近身体的右侧面，不要打开，否则就成了反手攻。

（5）推挡动作在引拍时易受身体阻碍，所以在准备击球时一定要收腹加大引拍的距离，以利于前臂向前推出发力。

（6）引拍时球拍过低，击球时来不及调整拍面角度，难以发力，回球容易出界，更压不住弧圈球。

（7）推挡时，手腕相对固定，手腕如上翘或下吊，将无法配合前臂向前发力；手腕也不应太活，否则会导致拍面角度不稳定，击球的准确性下降。

（8）每次推挡动作完成后，迅速还原，才能再次主动迎球发力。

（9）虽然推挡的移动范围相对较小，但也不能忽视步法移动的重要性，推挡位置是否合适将直接影响到击球的质量。

（10）推挡动作主要由上肢完成，但充分利用腰髋部位的转动和身体重心的移动来增大击球力量。

（八）推挡技术的练习方法

（1）徒手挥拍练习，体会推挡的动作技术要领。

（2）多球练习，形成推挡技术正确的动力定型。

（3）台上推挡练习，以稳健为主，在回合中体会击球的动作要领。

（4）各种推挡技术结合练习，体会不同动作技术的主要区别。

（5）一点推两点或一点推不同点，体会在移动中完成击球动作，加强步法移动的能力。

二、搓球技术

搓球是近台和台内回击下旋球的一种比较稳健的技术，各种类型打法都不可缺少它。搓球力量小、速度慢、旋转和落点变化多、线路短、球弹起后多在台内，缺乏前进力，对方不易发力进攻，故可作为过渡技术以等待、寻找或创造进攻机会。因其动作与削球相似，又比较易学，故可作为削球的入门技术。搓球技术种类繁多，按击球位置的不同可划分为正手搓球和反手搓球；按击球时间的早晚可划分为快搓和慢搓；按球的旋转强度的不同可划分为搓转与"不转"；按旋转方向的不同可划分为搓下旋和搓侧旋等。

（一）慢搓技术

1. 特点与运用

慢搓动作幅度大，在来球的下降期击球，回球速度慢，但有利于增加搓球的旋转强度。慢搓一般适用于回接旋转较强，线路稍长的来球。在对搓中，快慢搓结合起来，可以变化击球节奏，牵制对方。

2. 方法

（1）反手慢搓。击球前，持拍手向左上方引拍；击球时，前臂和手腕向前下方用力切球，前臂内旋并配合转腕动作，拍面稍后仰，在球的下降期触球中下部；击球后，前臂随势前送。横拍搓球时，拍形略竖一些，击球后前臂向右下方挥摆。

（2）正手慢搓。左脚稍前，身体稍向右转。击球前，向右上方引拍；击球时，前臂和手腕向左前下方用力，在下降期击球的中下部。

3. 要点

（1）应根据来球的具体情况，控制好拍面的后仰角度。

（2）击球时，前臂用力为主，转腕动作不宜过大。

（3）搓加转球，在向下用力的同时，应增加前送的幅度。

（二）快搓技术

1. 特点与运用

动作幅度小，回球速度快，借来球的前进力将球搓回，常用于接发球或削过来的近网下旋球，在对搓中，利用快搓变化击球节奏，缩短对方回球的准备时间。

2. 方法

（1）反手快搓：站位靠近球台，右脚稍前，击球前稍向左前上方引拍，拍面略后仰；击球时，前臂主动前伸迎球，在上升期击球中下部，触球瞬间，手腕向前下方用力。

（2）正手快搓：身体稍向右转，并向右上方引拍；击球时，前臂带动手腕向左前下方用力，在球的上升期触球的中下部。

3. 要点

（1）身体重心前移，身体靠近来球。

（2）前臂主动前伸插向球的中下部。

（3）快搓一般借力还击，若来球下旋弱可用力下切。

（三）搓转球与不转球技术

1. 特点与运用

用相似的手法搓出转与不转球（相对而言），使对方判断错误而直接得分，或为抢攻创造条件。在对搓中，把旋转变化与落点变化巧妙地结合起来，可以获得更多的进攻机会，在对付削球时，能使自己从被控制的局面中解脱出来。

2. 方法

（1）搓加转球：手臂和手腕加速向前下方用力，有意识增大球拍触球的面积和摩擦时间。

（2）搓不转球：调节好后仰角度，将球托出。

3. 要点

（1）加转是前提，转与不转间差异越大越有威力。

（2）搓加转时，手腕爆发式用力为主。

（3）搓不转时，要注意回球的弧线。

（四）不同性能球拍的搓球

1. 特点与运用

倒拍动作快，用不同性能的拍面击球，完全改变回球的旋转性质，使对方难以适应，常用于对搓中能直接得分或出现机会球的时候。

2.方法与要点

掌握熟练的倒拍技术，选择好换拍面搓球的时机，使对方防而不备，出现失误，并作好下一板球的应变准备。

（五）搓球的练习方法

（1）固定用慢搓或快搓接下旋球。

（2）单线快、慢搓球结合。

（3）搓转与不转球结合。

（4）搓球变线。

（5）半台变化落点对搓球。

（6）对搓中倒拍搓球。

（7）搓球中长、短结合。

（8）正反手搓球结合。

第四节　乒乓球的攻球技术教学

攻球是乒乓球技术中重要的组成部分，攻球具有力量大、速度快、攻击性强的特点，是比赛中争取主动、克敌制胜的重要手段。按照击球位置分为近台攻球、中台攻球和远台攻球；按照球的上升位置分为上升期攻球、高点期攻球和下降期攻球。

攻球分为正手攻球、反手攻球、侧身攻球三大部分，其中包括快点、快带、快攻、拉攻、突击、滑板和扣杀等多种攻球方法。每种技术的特点不同，所起的作用也不同。初学者先学习正手近台快攻。近台快攻具有站位近、动作小、出手快的特点借来球的力量还击，与落点变化结合可调动对方。

一、正手攻球技术的特点与动作方法（以右手持拍为例）

（一）正手近台快攻

1.特点

正手近台快攻的特点是：站位近、动作小、出手快、球速快、多借力还击。

在比赛中，与落点变化结合，可调动对方，为扣杀创造条件，是我国传统近台快攻打法的一项主要技术。

2. 动作方法

（1）击球前：

①选位：站位近台偏左，左脚在前，右脚稍后（两脚之间的距离大约半角），身体离球台约40厘米，两膝微屈，上体略前倾。

②引拍：手臂自然弯曲并做内旋使拍面稍前倾，以前臂后引为主（幅度小），将球拍引至身体右侧后方，直拍持拍手的手腕稍上抬，拇指用力，食指放松；横板持拍手的手腕自然下垂，使拍头呈半横状，重心移至右脚，上臂与身体的夹角约为30°，上臂与前臂之间的夹角约120°。

③迎球：手臂向左前方迎球。

（2）击球时：当来球跳至上升期，拍面稍前倾击中上部，在上臂带动下前臂快速向左前上方挥动；手腕配合外展。

（3）发力主要部位：以前臂为主，动作过程中身体重心从右脚移至左脚。

（4）击球后：手臂继续向左前上方随势挥动，迅速还原成击球前的准备姿态（图3-4-1）。

图3-4-1 正手近台快攻

（二）正手中远台攻

1. 特点

正手中远台攻球站位远、动作幅度大、发力击球主动、力量重、线路长、带上旋、进攻性较强。在对攻中，力量配合落点变化能争取到主动或直接得分，被动防御时可以用这种打法进行反击，是攻球选手在相持阶段常用的基本技术之一。

2. 动作方法

（1）击球前：

①选位：左脚稍前，身体离台约1米。

②引拍：手臂自然弯曲并做内旋，使拍面接近稍前倾，随着腰、髋向右转动，手臂大幅度向后移动，将球拍引至身体右后方，同时上臂拉开与上体的距离，身体的重心落在右脚上。

③迎球：手臂向前挥动迎球。

（2）击球时：当来球跳制高点期或下降前期，上臂带动前臂同时加速向左前上方挥动，同时，右脚蹬地，重心前移，腰、髋向左转动配合发力，击球的中部并向前上方摩擦。

（3）发力主要部位：以上臂、前臂为主，腰、髋配合，动作过程中身体重心从右脚移至左脚。

（4）击球后：手臂继续向左前上方随势挥动，迅速还原成击球前的准备姿势（图3-4-2）。

图 3-4-2　正手中远台攻

（三）正手拉攻

1. 特点

正手拉攻站位稍远、动作较小、速度快、线路活、带上旋，依靠主动发力摩擦回击来球，是对付下旋球（特别是对付削球）最常用的进攻技术。在比赛中，正手提拉出不同的落点和力量轻重结合上旋球，可为扣杀创造条件。

2. 动作方法

（1）击球前：

①选位：左脚稍前，身体离台约60厘米。

②引拍：手臂根据对方来球旋转强弱，前臂外旋使拍面垂直或稍后仰，肩关

节下沉,将球拍引至身体右后下方,重心落在右脚上。

③迎球:前臂向左前上方挥动。

(2)击球时:当来球跳制高点期或下降前期时,上臂带动前臂加速向左前上方挥动。来球下旋强,拍面稍后仰击球中下部;来球下旋弱,拍面接近垂直击球中部。

(3)发力主要部位:以前臂和手腕为主,同时腰、腿协调配合,动作过程中身体重心从右脚移至左脚。

(4)击球后:手臂、手腕继续向左前上方随势挥动,迅速还原成击球前的准备姿势(图3-4-3)。

图3-4-3 正手拉攻动作方法

(四)正手快点

1. 特点

正手快点也称正手台内攻球,其站位近、动作小、球速快、线路活、突然性强。击球点在台内,在接发球时可用于直接抢攻或比赛中由被动变主动,一般用于接近网下旋球,是直、横板快攻型选手必备的一项进攻技术。

2. 动作方法

(1)击球前:

①选位:站位靠近球台,右方大角度来球时,右脚向右前方上步插入台下;中间或偏左方向来球时上左脚。

②引拍:手臂自然弯曲迎前,前臂伸向台内,手腕稍外展,根据来球旋转程度手臂相应地做内旋或外旋调整拍面角度。

③迎球:前臂、手腕向前挥动。

（2）击球时：当来球跳制高点期，下旋强时，拍面稍后仰，击球中下部，前臂、手腕向前上方发力；下旋弱时，拍面垂直，击球中部，前臂、手腕向前为主，适当向上用力；上旋时拍面稍前倾，击球中上部，手臂直接向前用力，以撞击为主，略带摩擦。

（3）发力主要部位：以前臂、手腕为主，动作过程中身体重心放至迎前上步的脚上。

（4）击球后：随势挥臂动作小，迅速还原成击球前的准备姿势。

（五）正手快带

1. 特点

正手快带站位近、动作小、速度快、弧线低、路线活、借力还击，是对付弧圈球的一项重要技术，是相持或被动时转变为主动的过渡技术。

2. 动作方法

（1）击球前：

①选位：左脚稍前，站位较近，离台约40厘米。

②引拍：手臂自然弯曲，前臂内旋，使拍面前倾，将球拍引至身体右前方（向后引拍很少），拍面稍高于来球。

③迎球：手臂、手腕向左前方迎球，腰、髋开始向左转动。

（2）击球时：当来球跳至上升期，拍面前倾，击球中上部，借助腰、髋的转动，手臂迎前击球，手腕保持相对稳定，不宜发力。

（3）发力主要部位：是手臂借来球反弹力量带髋配合，动作过程中身体重心从右脚移至左脚。

（4）击球后：手臂继续向前随势挥动，迅速还原成击球前的准备姿势。

二、反手攻球技术的特点与动作方法（以右手持拍为例）

随着当今乒乓球运动的发展，反手攻球已是各种打法类型的运动员，特别是进攻类型运动员不可缺少的一项技术。比赛中运用反手攻球，常可以发动威力强大的全台进攻，大大加强了攻势。虽然掌握起来比较困难，尤其是对直拍运动员，反手攻球技术是必备的技术之一。

（一）反手快点

1. 特点

同正手快点。

2. 动作方法

（1）击球前：

①选位：站位靠近球台。在大角度来球时，上左脚；中间或偏右来球时，上右脚。

②引拍：手臂自然弯曲，前臂伸向台内，根据来球旋转强弱程度，手腕相应内旋或外旋，调整拍面角度。

③迎球：前臂向前挥动。

（2）击球时：当球跳制高点期，下旋强时，前臂、手腕向前上方发力，拍面稍后仰击球中下部；下旋弱时，前臂、手腕向前发力，拍面垂直击球中部。

（3）发力主要部位：以前臂、手腕为主，动作过程中身体重心放至上步脚上。

（4）击球后：随势挥臂动作小，迅速还原成击球前的准备姿势。

（二）反手快带

1. 特点

同正手快带。

2. 动作方法

（1）击球前：

①选位：右脚稍前几乎呈开立平站，上臂靠近身体，站位较近，离台约40厘米。

②引拍：手臂自然弯曲，大臂外旋使拍面前倾，膝关节弯曲，腰部稍微抬高，含胸收腹，重心放在前脚掌。在高于台面的位置上小幅度地向后引拍，将球拍引至身体左前方。

③迎球：手臂、手腕向前迎球，腰、髋开始向右转动。

（2）击球时：当来球跳至上升期，借助腰、髋的转动，手臂迎前带击，肘关节内收，手臂保持相对稳定，拍面前倾，球拍高于球，击球中上部。

（3）发力部位：主要以手臂借来球反弹力量带击，腰、髋配合，动作过程中身体重心从左脚移至右脚或基本放在两脚上。

（4）击球后：手臂继续随势向前挥动，迅速还原成击球前的准备姿势。

（三）反手快攻

1. 特点

反手快攻站位近、动作小、球速快、借来球的反弹力提高球速，攻击性强，是直、横板两面攻打法选手的重要技术之一。

2. 动作方法

（1）击球前：

①选位：右脚稍前或平行站立，身体离台约50厘米。

②引拍：手臂自然弯曲并外旋使拍面稍前倾，同时身体左转，右肩下沉，上臂、肘关节自然靠近身体，上臂与前臂的夹角约为130°，手腕做屈和内收，向左侧方引拍，使拍略高于来球。

③迎球：前臂向右前方迎球。

（2）击球时：打上旋时，当来球跳至上升后期或高点期，肘关节内收，前臂加速向右前上方发力并外旋，手腕同时配合做伸和外旋，拍面稍前倾击球中上部；打下旋时，拍型垂直或后仰，以肘关节为轴，以前臂发力为主，在来球的高点期或下降前期击球的中部或中下部，拍型多摩擦球，制造一定的上旋。

（3）击球后：前臂继续向前上方随势挥动，迅速还原成击球前的准备姿势。

（4）发力主要部位：以前臂为主，肘关节加速内收，动作过程中身体重心从左脚移至右脚，或基本放至两脚上（图3-4-4）。

图 3-4-4 反手快攻

（四）反手中台攻

1. 特点

反手中台攻站位较远、动作大、力量较重，球速快、攻击力强、线路较灵活。在比赛中，对方回击过来的高球而自己来不及侧身用正手进攻时，在相持或被动防御时，可以进行反击。

2. 动作方法

（1）击球前：

①选位：右脚稍前或两脚平行站立，身体离台约0.7—1米。

②引拍：手臂自然弯曲并稍外旋使拍面接近垂直，腰、髋向左转动，上臂和肘关节靠近身体，前臂向左后方移动，手腕做屈和内收，将球拍引至身体左侧后方。

③迎球：腰、髋向右转动，同时手臂向前迎球。

（2）击球时：当来球跳至下降前期，肘关节内收，在上臂带动下前臂加速横摆，手腕做伸和外展，腰、髋向右移动，向右前上方发力，拍面接近垂直击球的中部。

（3）发力主要部位：以前臂为主，上臂、手腕、肘关节及腰、髋配合，动作过程中身体重心从左脚移至右脚，或放至两脚上。

（4）击球后：手臂继续向右前上方随势挥动，迅速还原成击球前的准备姿势（图3-4-5）。

图3-4-5 反手中台攻

（五）反手拉攻

1. 特点

反手拉攻站位稍远、动作较小、线路活、力量较轻、靠自己主动发力还击。在还击下旋球时，可作为过渡技术为扣杀创造条件，是对付下旋球的一种有效办法。掌握反手拉球，可减少侧身拉球，避免正手空位过大。

2. 动作方法

（1）击球前

①选位：右脚稍前或两脚平行开立，身体离台约 60 厘米。

②引拍：手臂自然弯曲并向内旋使拍面稍后仰，腰部向左转动，上臂和肘关节靠近身体，前臂下沉，手腕做屈和内收，将球拍引至身体左侧下方。

③迎球：腰、髋向右转动，同时手臂向前迎球。

（2）击球时：当来球跳至高点期或下降前期时，腰、髋向右转动，上臂向前迎击，肘关节内收，前臂加速向右上方提拉，手腕做伸和外旋，拍面稍后仰击球中上部。

（3）击球后：手臂继续向右前下方随势挥动，迅速还原成击球前的准备姿势。

（4）发力主要部位：以上臂和前臂为主，腰、髋配合。动作过程中身体重心从左脚移至右脚，或放至两脚上（图 3-4-6）。

图 3-4-6 反手拉攻

三、侧身攻球

侧身攻球是指在反手位通过步法移动侧身位正手攻球。侧身动作和正手攻球动作衔接流畅是完成侧身攻球的重点。

1. 特点

侧身位正手攻球充分发挥正手攻球速度快、力量大、变化多的威力，是直、横板近台快攻打法的主要得分手段。随着乒乓球技术水平的不断提高，侧身攻球使用的比例越来越大。

2. 动作方法

（1）击球前：

①选位：迅速移动步法成侧身对球台，左脚在前，右脚在后。

②引拍：手臂自然弯曲，在移动的过程中，腰部向右转动，将球拍引至身体右后方，重心落在右脚。

③迎球：腰、髋向左转动，同时手臂向前迎球。

（2）击球时：当来球跳制高点期时，充分利用蹬地、转腰动作，并根据不同的来球调整挥臂方向和击球动作，找到最佳的击球点，向左转腰，挥拍击球，确保击球的准确性和击球的质量。

（3）击球后：手臂随势挥动，迅速还原成击球前的准备姿势。

（4）发力主要部位以上臂和前臂为主，腰、髋配合。在动作过程中身体重心从右脚移至左脚（图 3-4-7）。

图 3-4-7 侧身攻

四、攻球技术易犯的错误及纠正方法

（1）击球时手腕上翘或下垂，动作僵硬不协调，控球能力差。

纠正方法：击球时手腕自然放松成直状态，做徒手模仿的练习。

（2）击球时，拍面过于前倾或后仰，会导致球下网、球过高或出界。

纠正方法：纠正击球部位，调整拍面角度及用力方向。

（3）击球时上臂和肘关节抬得过高。

纠正方法：纠正引拍动作，肘关节自然下垂，迎击来球。在击球过程中，肘关节相对固定。

（4）引拍不到位，击球定不准，球的落点不稳或击球落空。

纠正方法：做徒手模仿的练习，加强步法移动。

（5）手腕太活，拍面角度不稳定或手腕发力过早，球的落点不稳定。

纠正方法：击球时，拍面和手腕相对固定，手腕适当配合发力。

（6）站位过死，不会随来球位置用小范围的移动取得正确的击球位置。

纠正方法：在击球的过程中，加强步法移动，调整适当的击球位置。

（7）击球时，手臂呈直线挥动撞击球，击出的球没有弧线。

纠正方法：体会击球过程中制造弧线的动作。

（8）击球后挥拍立即停止不前，动作不协调。

纠正方法：体会击球后顺势挥拍的动作。

（9）只有手臂动作，不会运用身体重心的力量，动作不协调，缺乏稳定性，击出去的球力量不大。

纠正方法：击球时加强腰、髋、腿的协调用力。

（10）击球动作完成，手臂不还原，不能快速连续击球。

纠正方法：击球后立即还原成准备姿势。

五、攻球注意事项

（1）准备姿势：含胸收腹，身体前倾，左脚稍前，右脚稍后，膝盖微屈保持弹性。

（2）击球位置：根据不同的来球，选择合适的击球位置，来球的位置不可在身体太前，也不能在身体之后，应在身体的右（左）前方。

（3）大臂与腰之间的距离不可太远。大臂放松，但也不需要夹臂，保持舒适的距离即可。

（4）手臂与身体的距离要保持固定。如果引拍姿势错误，整个动作的准确性就会被破坏。

（5）以腰带手挥拍前迎，肩膀、大臂不可发力，用身体转腰带动肩膀，以腰带肩，以肩带手。注意迎前时要多用腰、髋、腿的力量。

（6）重心移动时，上半身保持正直姿势，注意身体是水平平移，不可以往下蹲，造成身体倾斜。

（7）注意手肘要固定在右腰侧，不可抬高，也不可前后拉动。手肘固定，大臂就自然固定。注意肘部不得高于肩膀，击球时以手肘为支点收缩前臂。

（8）在击球过程中，加强步法移动，注重步法与手法的配合。

（9）击球时，不仅注意上肢的手法和下肢步法的运用，同时还要加强腰、髋、腿等辅助力量的运用。

（10）注意还原。还原是保证连续快速回击下一板球的前提保证，因此在击球动作完成以后，迅速还原为准备姿势。

六、攻球的练习方法

（一）重心转换练习

1. 预备姿势

左脚在前，右脚稍后，两脚分开稍比肩宽，身体偏右斜对球台站立，双膝微屈，上身前倾含胸收腹，身体重量落在双脚的前脚掌上。

2. 动作要领

左脚蹬地发力，身体向右转动，右肩稍下沉，左脚尖向右偏转，右脚尖随着身体右转的力量顺势右摆，重心落在右脚掌上，同时，右脚蹬地发力、转腰身体向左前转动，重心由右脚转移至左脚。如此反复练习，练完后迅速还原成预备姿势。

3. 注意事项

动作要连贯，身体始终处于放松状态，重心不能上下起伏要保持平稳，速度由慢到快。细心体会重心转换和力量传递的过程。

4. 作用

重心转换是乒乓球技术的核心，重心转换的好坏直接影响单项技术的正确掌握和熟练运用，对技术动作的标准程度以及稳定发挥起着决定性的作用。

（二）徒手挥拍练习

乒乓球的徒手挥拍可以使初学者体会动作要点和纠正错误动作，尽快地熟练掌握正确的技术动作。练习时最好对着镜子练，可以通过镜子清晰地看到自己的练习动作，从而及时纠正错误动作，确保动作的正确性与稳定性。

（1）按某一个技术的动作结构做台下上下肢徒手模仿练习，体会动作技术要点。

（2）结合步法做台下徒手练习，提高手法和步法的协调性。

（三）以腰带手挥拍击球练习

以腰带手挥拍击球练习，是快速掌握正手攻球的正确动作要领的一个必不可少的练习方法，也是一个动作的分解教学法。

1. 动作要领

左手像发球一样将球向上抛起，同时，右手向右后转腰带手引拍，当球下落至与球拍同高时，迅速转腰带手向左前挥拍击球。

2. 注意事项

在转腰带手向前挥拍击球时，小臂不能往前挥动，也不要向上收缩，只要能打到球就可以了，主要体会转腰击球的动作。

（四）多球和单球练习

多球和单球练习可以在教练的指导下进行，也可以在球友的帮助下进行。多球练习可以增加练习者在单位时间内的练习密度和强度，在练习者练习的初期是一个非常重要的练习手段。单球练习简单易行，能够不断提高正手攻球的技术水平。

（1）运用多球练习某一项攻球动作技术。

（2）自己抛球然后做攻球练习。

（3）一个人发球，一个人攻球练习。

（五）对攻练习

当攻球动作练得比较熟练的时候，就有必要进行对攻练习。练习时，要有速度快慢的变化、力量大小的变化、落点远近的变化、弧线高低的变化和节奏快慢的变化，使练习更加接近于实战。

唐建军博士说：在乒乓球练习中要做到"松、动、快"三点，即要放松、动中打、触球快。

（1）一推一攻练习（斜线、直线、1/2 台、2/3 台等）。

（2）对攻练习（斜线、侧身斜线、直线、中路等）。

（3）发力攻练习（一点对二点、1/2 台、2/3 台、不定点等）。

（4）搓攻练习（1/2 台、2/3 台、全台一搓一攻）。

（5）拉攻练习（斜线、直线、1/2 台、2/3 台等）。

（六）比赛练习

当攻球动作练出一个基本框架之后，就可以和与自己水平相当的球友进行练习性的比赛。在比赛中不要一看到球就想一板将别人拍死，这样的话很容易把动作打变形，从而造成无谓的失误。平常是怎么练的，比赛的时候就怎么打。通过赛练结合进一步地强化和熟练攻球技术，加深对攻球技术的理解，提高攻球技术在实战中的运用能力。

第五节 乒乓球的弧圈球技术教学

弧圈球技术是一种将速度、力量、旋转结合为一体的具有强烈上旋的攻击力强、威力大的进攻技术，是比赛中主要的得分手段。弧圈球技术的出现，将乒乓球运动推向了更高的水平，以弧圈球为核心技术形成了直拍、横拍多种弧圈球打法。当今欧亚弧圈高手比比皆是，德国的波尔，希腊的格林卡，白俄罗斯的萨姆索诺夫，我国的王励勤、马琳、王皓、张继科、马龙、樊振东，以及韩国的柳承敏、吴尚垠等，均是世界乒坛超一流的弧圈球选手。

弧圈球的种类按击球方法区分有：正手弧圈球、反手弧圈球、侧身弧圈球；按旋转特点区分有：加转弧圈球、前冲弧圈球、侧旋弧圈球。

一、弧圈球技术的特点和动作方法（以右手持拍为例）

（一）加转弧圈球

1. 特点

加转弧圈球分为正手加转弧圈球和反手加转弧圈球，具有飞行弧线高、球速慢、上旋强的特点。球着台后下滑速度快，容易造成对方回球过高或出界。击出的球第一弧线较高，第二弧线较低，是对付下旋球的有效技术。在相持中，可以用来改变击球节奏。

2.正手加转弧圈球的动作方法

（1）击球前：

①选位：两脚开立比肩宽，左脚稍前，身体离台约60厘米，身体的重心较低。

②引拍：持拍手手臂自然下垂，手臂稍内旋使拍面稍前倾，将球拍引至身体右侧后下方，同时稍向右转腰，右肩下沉，前臂自然下垂，重心落在右脚。

③迎球：手臂由右后下方向前上方挥动迎球。

（2）击球时：在来球的下降前期，拍面稍前倾，上臂带动前臂向前上方挥动，击球的中部或中上部，手腕配合发力，身体的重心向左转动，在摩擦球的瞬间加速收缩前臂加大摩擦力。

（3）主要的发力部位：以前臂发力为主，腰、腿、手腕相互协调配合。

（4）击球后：球拍随势挥至头部位置，身体稍向上提起，动作过程中身体重心由右脚转至左脚，迅速还原成击球前的准备姿势（图3-5-1）。

图3-5-1　正手拉加转弧圈

3.反手拉加转弧圈球的动作方法

（1）击球前：

①选位：两脚平行站立或右脚稍前，两膝微屈。

②引拍：右肩下沉，手腕稍内旋使拍面稍前倾，将球拍引至腹前下方，腹部内收，肘关节稍向外顶出，重心落在两脚之间。

③迎球：手臂向右前上方挥动迎球。

（2）击球时：在来球的下降前期，拍面稍前倾，以肘关节为轴前臂快速向右上方挥动，摩擦球的中上部，两腿向上蹬伸，身体稍向后仰以辅助发力。

（3）主要的发力部位：以前臂发力为主，腰、腿、手腕相互协调配合发力。

（4）击球后：随势挥拍，迅速还原成击球前的准备姿势（图3-5-2）。

图3-5-2 反手拉加转弧圈

（二）前冲弧圈球

1. 特点

前冲弧圈球分为正手前冲弧圈球和反手前冲弧圈球，具有出手快、球速快、弧线低、上旋强、着台后前冲力大等特点。它是一种将力量和旋转结合得较好的进攻性技术，是弧圈球打法的主要得分手段，也是对付发球、搓球、削球、推挡以及在相持中对拉的有效技术。

2. 正手前冲弧圈球的动作方法

（1）击球前：

①选位：两脚开立比肩宽，左脚稍前，根据来球的远近选择站位。

②引拍：持拍手手臂自然下垂，手臂稍内旋使拍面稍前倾，将球拍引至身体右后方，同时向右转腰，右肩下沉，重心落在右脚。

③迎球：手臂由右后方向前上方挥动迎球。

（2）击球时：在来球的上升后期或高点期，利用蹬地转体的力量，上臂带动前臂加速向前上方挥动，拍面稍前倾，击球的中上部，手腕配合发力，身体的重心向左转动。

（3）主要的发力部位：以上臂、前臂发力为主，腰、腿、手腕相互协调配合发力。

（4）击球后：球拍随势挥至头部位置，动作过程中身体重心由右脚转至左脚，迅速还原成击球前的准备姿势（图3-5-3）。

图3-5-3　正手拉前冲弧圈

3.反手拉前冲弧圈球的动作方法

（1）击球前：

①选位：两脚平行站立或右脚稍前，两膝微屈。

②引拍：右肩下沉，手腕稍内旋使拍面稍前倾，将球拍引大腿内侧，肘关节稍前顶，重心落在两脚之间。

③迎球：手臂向前上方挥动迎球。

（2）击球时：在来球的高点期，以肘关节为轴前臂快速向前上方发力，拍面稍前倾，摩擦球的中上部，两腿向上蹬伸，身体略向前上方顶以辅助发力。

（3）主要的发力部位：以上臂、前臂发力为主，腰、腿、手腕相互协调配合发力。

（4）击球后：随势挥拍，动作过程中身体重心由左脚转至右脚，迅速还原成击球前的准备姿势。

（三）正手拉侧旋弧圈球

1.特点

正手侧旋弧圈球回球略带上旋与侧旋，飞行弧线向侧方偏拐，球着台后急速向侧下滑落，多用于处理正手位大角度的来球。

2.动作方法

（1）击球前：

①选位：两脚开立比肩宽，左脚稍前，根据来球的远近选择站位的远近。

②引拍：持拍手手臂自然下垂，前臂内旋使拍面方向略偏左，腰向右转，将球拍引至身体右后方，拍头下垂，重心落在右脚。

③迎球：手臂向前上方挥动迎球。

（2）击球时：在来球的下降前期，右脚蹬地，腰向左转，上臂带动前臂快速挥动，摩擦球的右侧中部或下部向外侧并向前上方挥拍，使球拍画一个横向的半弧形，手腕配合发力，身体的重心向左转动。

（3）主要的发力部位：以前臂发力为主，腰、腿、手腕相互协调配合发力。

（4）击球后：球拍随势挥动，动作过程中身体重心由右脚转至左脚，迅速还原成击球前的准备姿势（图3-5-4）。

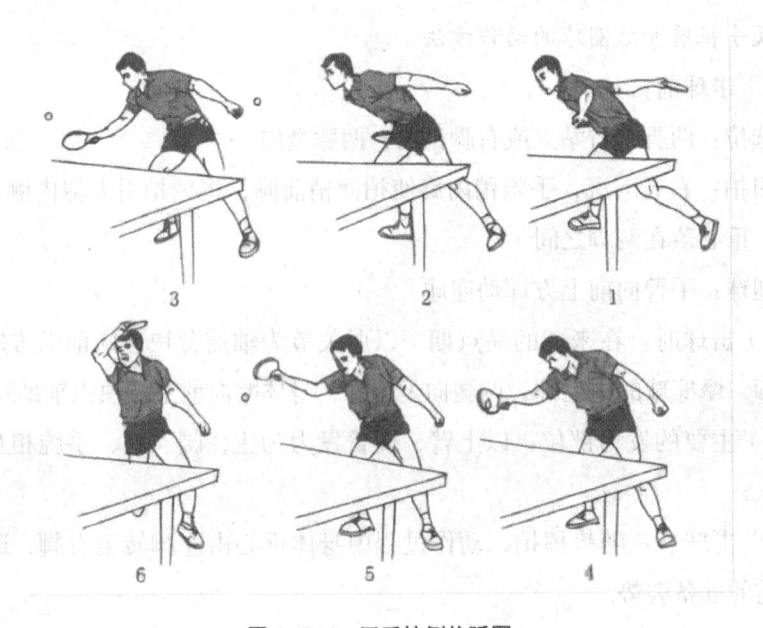

图3-5-4 正手拉侧旋弧圈

（四）侧身拉弧圈球

1.特点

当球处于反手位、步法跟得上时，适宜运用侧身正手拉弧圈球，以争取主动和得分。直、横拍弧圈选手侧身拉意识很强，都能较好地掌握与运用这一技术。它是弧圈球打法常用的进攻技术。

2. 动作方法

侧身拉弧圈球的动作方法与正手拉弧圈球的动作方法基本相同，要注意正确选择侧身时机，步法移动迅速，侧身到位，并适当地调节引拍方向、出手角度和挥拍方向，避免盲目侧身。

（五）正手反拉弧圈球

1. 特点

正手反拉弧圈球是一项难度很高的技术，在相持中抓住机会反拉对方的弧圈球，是由防守转为反攻的重要技术，也是变被动为主动的有效手段。

2. 动作方法

（1）击球前：

①选位：两脚平行开立或左脚稍前，根据来球的远近选择站位的远近。

②引拍：前臂内旋使拍面前倾，腰向右转，将球拍引至身体右后方，重心落在右脚。

③迎球：手臂向前上方挥动迎球。

（2）击球时：在来球的上升后期，右脚蹬地，腰向左转，拍面前倾，上臂带动前臂加速挥动向前上方挥动，手腕配合发力，身体的重心向左移动。

（3）主要的发力部位：以上臂、前臂发力为主，腰、腿、手腕相互协调配合发力。

（4）击球后：球拍随势挥动，迅速地调整身体的重心，还原成击球前的准备姿势，动作过程中身体重心由右脚转至左脚。

二、弧圈球技术易犯的错误及纠正方法

（1）在引拍过程中，前臂和上臂在肘关节处的夹角没有打开，而是靠拉肘向后引拍，影响拉球的发力。

纠正方法：在训练中有意识地把前臂放下来，配合脚部的转动和重心移动，引拍效果会好些。

（2）击球前，腰部向后转动过大，影响向前发力。

纠正方法：在实践中，只要感到身体的重心能够移至击球一侧脚时即可。

（3）击球时撞击多、摩擦少、回球上旋不强。

纠正方法：纠正击球部位、拍面角度及用力方向，击球时作用力远离球心，体会摩擦球。

（4）击球时，球拍过于前倾，摩擦球过薄，使拉球的力量减小，准确性降低，容易打在拍边。

纠正方法：击球时球拍不要过于前倾，同时注意手腕向内向前的转动，这样方可拉出高质量的弧圈球。

（5）拉球过程中，手臂由后直接向前挥动，呈近似于直线型，难以制造拉球的弧线。

纠正方法：正确的挥动方法是手臂由右后下方，以肘关节为轴，向左前上方挥动，其挥动轨迹近似于"小弧线"，这也部分地体现了弧圈球这一技术术语的内涵。

（6）肩部过于紧张，动作僵硬。

纠正方法：由于弧圈球的动作比一般攻球动作稍大些，因此要做到拉后手臂，尤其是肩部要迅速放松还原，以利于连续拉和提高拉后扣杀的命中率。

（7）击球时抬肘、抬肩，动作僵硬不协调。

纠正方法：击球时上臂相对固定。

（8）重心后坐，腿、腰、手不能协调一致，击球点靠后，回球质量不高。

纠正方法：击球过程中，身体重心保持平稳，不要晃动，重心落在前脚掌，在身体的右前方击球。

（9）击球过程中，只用手臂力量击球，动作不协调、稳定性差、回球的质量不高。

纠正方法：注意上臂、前臂、手腕、腰、腿的相互协调配合，以增加击球的速度和旋转。

（10）击球后动作不还原。

纠正方法：击球后迅速调整身体重心，还原成准备姿势。

（11）站位过死，不能通过步法移动取得合理的击球位置。

纠正方法：在击球的过程中，加强步法移动，调整适当的击球位置，加强步法和手法的配合。

三、弧圈球技术注意事项

（一）引拍

拉弧圈球时强调击球的作用力一定要远离球心，击球时调整好拍面角度和击球的部位。

（二）重心

必须注意重心的交换，重心迎前的方向要和击球的方向一致。

（三）发力

一定要用腰控制大臂，是腰上发力，而不是用手臂发力，注意拉球时腿、腰、大臂、前臂、手腕发力的协调。

（四）击球点

击球点必须保持在身体的右前方，击球点离身体越近，就越容易控制球。

（五）步法

步法的好坏，直接关系到正手拉球的命中率、力量的大小和拉球时的调节能力。

四、弧圈球技术的练习方法

（一）徒手挥拍练习

（1）按某一个技术的动作结构做台下上下肢徒手模仿弧圈球动作，体会动作技术要点。

（2）结合步法做台下徒手练习，提高步法的灵活性和手法与步法的配合。

（二）多球和单球练习

通过多球和单球练习可以使练习者进一步地熟悉和掌握弧圈球的技术动作，不断提高弧圈球的技术水平。

（1）对地自抛自拉练习，体会拉弧圈球的动作技术要点。

（2）教师发多球练习某一项弧圈球动作技术，体会拉弧圈球的动作要领，形成正确的动力定型。

（3）一个人发球，一个人拉弧圈球练习。

（三）对拉练习

练习时，要有速度快慢的变化、力量大小的变化、落点远近的变化、弧线高低的变化、节奏快慢的变化以及旋转的变化，使练习更加接近于实战。

（1）一人发中路出台的下旋球，另一人练习拉弧圈球。

（2）一人正手攻球或反手挡，另一人连续拉弧圈球。

（3）二人对搓，固定一个搓中转拉弧圈球。

（4）一人推，另一人练习连续拉弧圈球。

（5）先拉固定点，再拉非固定点。

（6）半台连续拉上旋球，逐步过渡到2/3台。

（7）对拉弧圈球练习。

（8）发球抢拉练习。

（9）接发球抢拉练习。

（10）拉、冲、扣等结合练习。

（四）比赛练习

通过赛练结合进一步地强化和熟练弧圈球技术，加深对弧圈球技术的理解，提高弧圈球技术在实战中的运用能力。

第四章 乒乓球运动战术教学

本章介绍了乒乓球制胜因素，乒乓球运动战术原理，乒乓球运动单打战术教学，乒乓球运动双打战术教学。

第一节 乒乓球制胜因素

一、乒乓球竞技要素

任何一板球都包含着五个物理要素，即球经撞击脱板后会带有一定的速度、一定的力量、一定的旋转、一条弧线和一个落点，这五个物理要素从竞技制胜的目标系统分析，被定义为乒乓球的竞技要素。

在乒乓球比赛中，双方运动员的相互制约，最终是通过击出球的弧线、落点、速度、旋转和力量这五个物理要素来实现的。速度是制胜的首要因素，力量是制胜的基础因素，旋转是制胜的强化因素，落点是制胜的关键因素，弧线是制胜的保证因素。

（一）球的力量

力量作用于球，是通过球的前进速度和旋转强度表现出来的。对于快攻来说，力量主要是为了使球获得更快的飞行速度；对于弧圈球或削球，力量则是为了加强球的旋转。击球力量的大小，主要取决于击球时挥拍加速度的大小。要想加大挥拍的加速度，必须发展力量素质，特别是击球时的爆发力和全身的协调用力。击球力量的大小主要取决于击球、挥拍时的加速度，所以击球时要收紧小臂，使自己有更大的爆发力。

（二）球的运行弧线

乒乓球的运动形式，基本上是按一定的弧线运行的。球在球台上空运行，其弧线受球台的长度，球网的高度和球台的宽度的限制。合理的弧线起止点的长短，主要是保证打出去的球既不因弧线太短而不过网，又不因弧线过长而从端线出界。合理的弧高，主要是保证打出去的球既不因弧线过低而下网，又不因弧线太高而被对方扣杀。合理的弧线方向，主要是保证打出去的球不会从边线出界。

影响乒乓球运行弧线的主要因素有如下几点。

1. 弧线的高低主要取决于击球时的出手角度和速度

一般说来，出手角度越大、速度越快，球的运行弧线也越高。出手角度主要取决于击球时的拍型角度、球部位，发力方向和大小以及对方来球的旋转性能和强度。出手速度主要取决于击球的力量。

2. 弧线起止点的长短

在出手角度一定的情况下，一般说来，击球力量越大，球速越快，球飞行的距离越远，弧线起止点的距离也就越长，反之则短。

3. 弧线的方向

球运行弧线的方向主要取决于击球时拍面的方向、发力的方向和大小及对方来球的旋转性质和强度（主要是左、右侧旋球）。在不同高度、距离、时间、方位，采用各种不同的技术、不同性能的球拍，回击各种不同旋转的来球时，对制造弧线有不同的要求。

（三）球的速度

乒乓球运动的特点是"快速多变"。我国近台快攻打法的技术风格"快、准、狠、变、转"，把"快"放在首位。"快"，指的就是速度，可见其重要。

乒乓球的速度，主要包含两个因素：

（1）球向前飞进的速度：所谓"急如流星"，就是球向前飞进的速度快。

（2）击球间隙：所谓"快如闪电"，主要是指击球的间隙短，一板紧逼一板。其目的在于发挥快速进攻的威力，打得对方措手不及。

要想提高乒乓球的速度，必须从上述两个方面入手。尤其是缩短出球间隙，加快打球的速率，对各种类型打法都是十分重要的。

（四）球的旋转

乒乓球的旋转，在现代乒乓球运动中，越来越引起人们的重视，越来越被人们广泛地运用，加之球拍性能的改进，在运动竞赛中，旋转也就越来越显示出它的威力。加大击球力量，并使力量集中作用于摩擦球，则是加强球旋转的关键。

旋转的特点是：

（1）旋转的强度不断增强，旋转的性质更加复杂，加转与不转的差距越来越大。

（2）打各种不同旋转球的动作外形越来越相似。

（五）球的落点

乒乓球的落点是指球的着台点。从击球点到着台点之间的连线，叫作击球路线。研究乒乓球的落点和击球路线，对于提高击球效果和战术运用是十分重要的。

二、乒乓球竞技制胜因素

通过对乒乓球竞技要素的长期实践和探索，我国乒乓球教练员、科研人员、运动员在实践中总结出乒乓球竞技的制胜因素——快、转、准、狠、变（图4-1-1）。它是以球的特点、运动状态，特别是速度、旋转、力量、弧线和落点诸要素单个水平及其有机组合为基础的。这五个要素与球的运动特性相对应。

图4-1-1　乒乓球竞技的制胜因素

乒乓球运动的发展，从特定含义上讲，就是如何提高制胜因素的单个水平及它们之间组合水平的过程。任何一种打法，只要在比赛中将五大制胜因素发挥到最高水平，就可以获得优异的成绩。"强快"与"强转"最佳组合是当前世界乒坛的主流打法;"强相持、强抗衡、强转换"是当前世界乒坛的主要特点。中国乒乓球队之所以在世界乒坛保持长盛不衰,重要的一点就是能够及时、准确、系统、全面地掌握乒乓球各类打法类型的制胜因素,对"快、转、狠、准、变"五个制胜因素有充分的认识与理解。

(一)快

"快"体现了乒乓球的速度特征。速度作为乒乓球运动的一个术语,是指球飞行时间和击球间隙时间的长短(图4-1-2)。球飞行时间是指球被球拍击离球拍的一瞬间(B)算起,到球落到对方台面的一瞬间(C)为止的这段时间;击球间隙的时间是指从对方来球落到己方台面的一瞬间(A)算起,到运动员在回球时球拍触球的一瞬间(B)为止。飞行时间和击球间隙时间短者速度快。如快推、快点和快攻;反之,则速度慢。因此,要提高乒乓球的速度,需从缩短击球的间隙时间和减少球出手后的飞行时间这两个方面来着手。

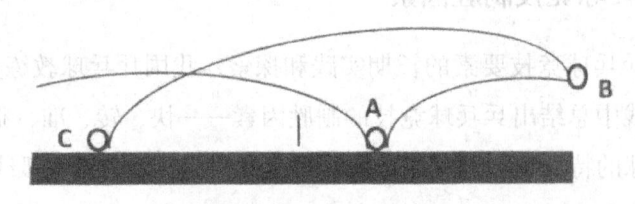

图4-1-2 击球速度示意图

提高击球速度的方法:

(1)站位近台,在来球的上升期击球。这不仅缩短击球间隙的时间,同时还有利于借助来球反弹力加快回球的飞行速度。

(2)加大击球力量。在还击来球时,充分发挥击球力量,使力的作用线尽可能接近球心,以加快球的飞行速度。

(3)压低弧线高度。在允许的范围内,尽量压低弧线的高度,减少打出的距离,使球的飞行时间缩短。

(二)转

"转"反映了乒乓球的旋转特性。乒乓球的旋转种类繁多,变化复杂。《现代乒乓球的技术研究》中指出:"乒乓球在空中飞行时,存在着四种基本旋转,即上旋、下旋、侧旋、顺（逆）旋，这四种基本的旋转之间相互组合，又可衍生出26种不同的旋转，如左侧上（下）旋、右侧上（下）旋等等"。强烈旋转变化的球（尤其是弧圈球），具有很大的"杀伤力"。

回顾乒乓球运动的"三次技术革命"，都与旋转密切相关。20世纪初胶皮拍的出现，称为乒乓球运动的第一次技术革命；20世纪50年代海绵胶拍的出现，增强了球的旋转和速度，称为乒乓球运动的第二次革命；20世纪70年代初，弧圈球技术及其新打法，将旋转与速度更为完美结合，称为乒乓球运动第三次技术革命。

在现代乒乓球技战术中，旋转是竞技制胜的核心因素，在乒乓球运动发展中起着重要的作用。在比赛中，乒乓球旋转变化的复杂性，不仅表现在旋转的种类上，还表现在旋转的强度上。相关资料显示，乒乓球最高转速可达到168转/秒，最低转速约10转/秒，最高与最低转速之间的差距约160转/秒，由于乒乓球的运行速度快，使对手不易适应，尤其性质迥异的旋转球容易造成对方判断的失误，从而陷入被动或直接失分。

提高球的旋转方法：

（1）增长击球的力臂，即在球拍触球时使力的作用线远离球心，可以加大球的旋转。

（2）加快击球的速度及增大挥拍击球的力量，可增强球拍对球的摩擦力。

（3）球接触球拍的部位，对球的旋转也有较大的影响，在发球、拉球或削球中都很重要。

（4）充分发挥上臂和前臂的快速收缩作用。

（5）增加球拍覆盖面的摩擦系数。球拍底板和海绵的弹性、硬度和吃球能力以及胶皮黏性的大小都与加强球的旋转有很大关系。

（三）准

"准"是落点和弧线的集中表现。在乒乓球比赛中，"准"是任何技术、战术使用的前提条件，任何技术、战术离开了"准"都变得毫无价值。

比赛中，由于球台中间有一个15.25厘米的球网，运动员要将球击过网，就必须制造适宜的弧线，这是"准"的根本保证，更确切地说叫作"稳"。为了给对方造成更大的压力，达到得分制胜的目的，就必须在"稳"的基础上加强落点的准确性和多变性。"稳"是"准"的低级阶段,"准"更富有主动性,要求弧线适中、落点到位。

不同距离、不同高度的球对弧线的要求:

(1)打近网低球时,适当提高弧线的曲度,缩短打出的距离。

(2)打近网高球时,对弧线曲度的要求不大,打出的距离不宜过长。

(3)打远网低球时,适当提高弧线的曲度,增加打出球的距离。

(4)打远网高球时,适当提高弧线的曲度,打出球的距离要长。

不旋转的球对弧线的要求:

(1)回击上旋球时,要减小(压低)曲线弧度,缩短打出球的距离。上旋越强,越要压低弧线的曲度,以免球触拍后向上反弹出界或出高球。

(2)回击下旋球时与打上旋球时相反,应适当提高弧线的曲度。下旋越强,提高弧线曲度就应该越大,以免球触拍后向下反弹而下网。

(3)回击左(右)侧旋球时,根据来球的旋转强度,适宜地向左(右)调整拍面方向,避免回球从右(左)侧边线出界。

不旋转的球对弧线的要求:

(1)上升期击球,球有较强的反弹力,弧线曲度不宜过大,打出球的距离要短。

(2)高点期击球,击球点接近网或略高于网,制造适宜的弧线曲度。

(3)下降期击球,击球点低于网,提高弧线的曲度,适当增长打出球的距离。

(四)狠

"狠"是击球力量的体现。"狠"是以击球力量大小和速度快慢为基础。根据力学公式:$F=ma$(即力量=质量×加速度),结合乒乓球运动的特点,击球力量的大小主要取决于击球时手臂挥拍的加速度。挥拍时加速度越大,力量也会越大。

20世纪90年代以后,乒乓球技术朝着"更加凶狠、更加积极主动进攻"的方向发展。在战术上力量与落点、力量与速度的结合产生了"凶狠"表现。如:法国选手盖亭、希腊选手格林卡、比利时选手塞弗等。

提高击球力量的方法有以下几种:

(1)加大击球距离。击球前,使击球点与身体稍远一些,保证球拍与来球有一定的挥拍距离，有利于加大击球的加速度，增大击球的力量。

（2）增加引拍幅度。击球前，手臂适当后引，适当加大击球距离，从而增加击球的力量。

（3）全身协调用力。击球时结合腿、腰蹬地的力量，同时转体、重心前移等，身体各部分协调配合，以增加击球的力量。

（五）变

"变"是战术运用成功和取得比赛主动权的基础。在快、转、准、狠的同时，击球时利用节奏变化（忽快忽慢）、落点变化（忽左忽右；忽长忽短）、力量变化（忽轻忽重）以及旋转变化（转与不转），打乱对手在常规下的击球习惯，使对手不适应，同时又不能让对手制约自己，使自己感到不适应，这种适应与反适应就是战术运用的基础，也是"变"的本质。

第二节　乒乓球运动战术原理

乒乓球运动战术的内容非常多样，其使用方法、组合方式、使用时机等都千变万化，只有深刻了解乒乓球战术的本质，才能灵活运用。乒乓球每回合的比赛速度很快，一般几秒或者十几秒就结束一个回合，因此，球员对于战术的选择既带有提前性又带有随机性的双重特点。所谓的提前性是指本回合开始前对对手即将采取的战术的一个预判，并以此作为初步准备战术的依据进行进攻或防守；随机性则是比赛在没有按照原先预判的那样进行时做出的随机战术最优选择。

在乒乓球运动中，没有一种战术是在任何情况下都能带来最佳效果的。对于战术的使用，运动员只有适时编排、及时使用，才能获得最好的战术效果，而这种随机判断和选择战术的能力也是评定一名乒乓球运动员优秀与否的标准之一。

一、乒乓球运动战术的概念

对乒乓球运动战术概念的了解，首先要从战术的概念开始分析。战术的概念分为广义的和狭义的两种。广义上的战术是指运动员技术、意志、智能和素质在比赛中的一种针对性综合运用。狭义上的战术是指运动员在比赛中根据对方的打法、类型及技术特点而采用的各种技术手段与方法。

在谈到战术的时候往往还会有一个战略的概念出现，战略与战术之间有很大的区别，战略高于战术、包含战术，战略与战术之间是全局与局部的关系。由此引申到乒乓球运动中来可知，一名或两名运动员在比赛中根据自身和对方等情况采用的技术组合、手段等行为属于战术层面。而一支队伍确定参加某次赛事的出场运动员，或是团体比赛中运动员的出场顺序等就属于战略的层面。

二、乒乓球运动战术的构成

（一）战术指导思想

战术指导思想是根据比赛具体情况提出的战术运用准则，它对教练员和运动员赛前制订的战术策略、运动员在场上的战术执行以及获得的相应战术效果都起到指导作用。

战术指导思想的科学性和指导性决定了其不是在一朝一夕中产生的，而是随着乒乓球技术乃至整个乒乓球运动的发展变化而逐渐形成的。现代乒乓球运动的竞争非常激烈，运动员们对战术指导思想的重视与日俱增，先进的指导思想必然带来先进的战术设计，但无论如何，这都需要运动员掌握足够的全面技术给予各种战术的执行以支持。为了促进战术的创新，还应把技术的创新作为突破口，保证技术向更快、更新的方向发展。

（二）战术观念

战术观念，主要为运动员对战术的基本内容、原理和规律等情况的认识程度。运动员的战术观念越强，就更容易形成良好的战术意识和提升其战术执行能力。

不同运动员对战术观念的形成有不同的能力，决定性的因素在于运动员所掌握的知识结构、思维方式以及比赛经验等。由此也可以看出运动员的战术观念不是恒定的，而是随着知识结构、比赛经验等的增多而增强的。战术观念的形成始终围绕运动员的这些运动经历而来，当战术观念逐渐形成后，运动员的运动行为就会受到战术观念的制约，表现在实际当中就是运动员在面对某种局面时习惯性地使用某种战术予以应对。要想改变已形成的战术观念，就需要完全理解新的战术观念，并且通过强化训练逐渐替代旧有的观念。

（三）战术知识

战术知识是战术相关内容中各种经验和抽象化信息的总和。对战术知识的理解应分类进行，分类方式如下：

1. 以战术知识的存在形态为依据进行的划分

战术知识通常以理论性知识和经验性知识两种形态存在。理论性知识相对稳定性较强，不会在短期内有太多太大的变化，但经验性知识由于运动员存在认识过程和掌握技能等各方面的差异，对这方面知识的掌握则差别较大。然而就乒乓球运动的战术知识来说，这两种知识对运动员战术能力的提升同等重要。

2. 以战术的适用性为依据进行的划分

乒乓球运动实践中会将战术知识分为一般性和专项性知识两种。其中，一般性战术知识是指带有普遍意义的战术知识，而专项性战术知识则更加贴合乒乓球运动专项的特有战术知识。然而不管是哪一类战术知识，它的产生都要经历长期的积累和演变。运动员本身自然是积累越多的战术知识越有助于他们战术能力的提升。由此可见，储备丰富的战术知识无论是对运动员还是教练员都具有十分重要的意义。

（四）战术意识

战术意识，是运动员为了达到某种战术目的而产生的思维活动过程。战术意识主要包含运动员对自己所采取的战术方法的了解程度以及随着比赛局势的变化对战术使用的应变能力。

就一名运动员的战术能力来说，良好的战术意识的确是后续战术行为的保障，但如果只有战术意识的加强还远远不足以保证战术效果的实现。也就是说，战术意识是战术能力中的催化剂，如果没有足够的战术行为作保障，战术意识再优秀，也不会带来好的效果。

为提升运动员的战术意识，在日常训练中应经常强调战术意识的作用与意义。具体地说，应让运动员深刻了解某种战术的目的，并对该战术实施后的效果有预估。此外，还应在培养运动员战术能力的过程中，有目的、有意识、系统地对运动员进行乒乓球专项意识和战术意识理论知识的传授。

（五）战术行为

战术行为，是运动员为实现某个战术目的而采取的具有针对性的技术组合。教练员或运动员自己在训练中制订出的战术最终都是要在比赛中通过战术行为付诸实施，这是完成战术任务的具体方式。

在比赛中，任何战术行为都要围绕战术意图而来，没有意图的战术行为是没有意义的，是低效的行为，自然也就不会为掌控比赛的主动带来帮助。

三、乒乓球运动战术的分类

（一）按项目分类

乒乓球运动设有单打和双打两种比赛形式，为此，其战术也就分为单打战术和双打战术，两者有相同的地方，也有很多不同的地方。

1. 单打战术

单打战术包括发球抢攻、搓攻、拉攻、对攻等，它是运动员在单打比赛中，为了最大化发挥自身优势和弥补不足所采用的一系列技术手段。

2. 双打战术

双打战术是建立在单打战术基础上的，并结合两人技术配合和移动的技术手段。

（二）按战术攻防性质分类

根据攻防属性，可以将战术分为进攻性战术和防守性战术。

1. 进攻性战术

进攻性战术，是指以积极的、主动的得分心态采用一系列进攻技术的战术方法。现代乒乓球运动更为崇尚进攻，绝大多数乒乓球运动员所掌握的技术也是以进攻技术为主，其主要技战术都是围绕主动得分展开的。在现今乒坛中，以进攻为主导的主流打法包括快攻结合弧圈、弧圈结合快攻、两面弧圈等打法。

2. 防守性战术

防守性战术，是指以积极的防守心态采用一系列防守技术的战术方法。不过，从现代乒乓球的战术理念发展来看，尽管使用防守战术，但也并非完全处于被动防守的境地，而是一种守中有攻、守中转攻的积极性防守。

（三）按技术使用的顺序分类

一个回合的乒乓球比赛都有其规律性的战术顺序，根据这个顺序也可以给乒乓球战术进行分类。

1. 发球抢攻战术

发球抢攻是运动员在发球后接到对方的回接球时采取的进攻手段和方法。发球抢攻战术是一种非常积极的主导比赛进攻节奏的战术，在近年世界乒乓球运动中被更加重视。对于发球抢攻战术的运用来说，亚洲选手使用得最多，也更加得心应手。发球抢攻的战术意识是利用高质量的、多变的发球破坏对方的接发球战术意图，从而为自己赢得主动进攻的机会。在运用发球抢攻战术时应满足如下几方面要求：

（1）首先观察对方的站位和预判对方回接的方法和落点，以此作为本方发球和随后的抢攻的依据。

（2）确保较高的发球质量，在发球集速度、旋转和落点于一体后可以最大化地破坏对方的接发球抢攻或控制意图，从而为本方接下来的抢攻创造更多机会。

（3）发球技术要与本方的特长技术相符，以利于用最擅长的技术进行抢攻，如本方反手进攻技术较强，在发球时就可以发正手转或不转球并结合左侧上旋球，从而突出自己反手的特长。

（4）培养较强的抢攻意识，敢于抢攻。

2. 接发球战术

接发球战术是与发球抢攻战术相抗衡的一项战术，其是以破坏对方发球战术为目的的反控制战术。在乒乓球比赛中，发球是一项主动技术，而接发球则处于被动地位。正因如此，接发球的战术首先就要摆脱被动的意识，认可接发球也可以作为进攻的过渡方式，即使不能在接发球环节抢先进攻，也要以高质量的接发球控制对手不能随心所欲地进攻。在运用接发球抢攻战术时应满足如下几方面要求：

（1）培养接发球主动抢攻的意识。

（2）首先观察对方的发球站位和预判可能的发球方法与落点，这是接发球战术的重要依据。

（3）日常训练中要着重练习好接发球技术的基本功，如搓、摆、切、拧等技术。

（4）接发球的方式要灵活多变，因此不能让对手摸到规律，这也是在为本方争取主动进攻的机会。

3. 相持阶段的战术

本方三板击球之后进入的阶段就称为相持阶段。相持阶段就是上方比拼基本功和硬实力的阶段，在这一阶段中可采用的进攻控制手段和方法很多，但能否选择最合适的一种就是决定运动员是否优秀的标志之一。运用相持阶段战术时应注意以下几点：

（1）在转入相持阶段战术训练前必须要将众多基本功技术训练到位。

（2）在相持阶段中选择的战术要以运动员擅长的技术和打法为主，以充分发挥相持阶段战术运用的效果。

（3）运动员要具备良好的应变能力，以应对多变的相持阶段中的战术变化，特别是进攻与防守的转换。力求在攻转守时定得下心，在守转攻时攻得出去，而这都依赖于运动员的敏锐观察能力和预判能力。

第三节　乒乓球运动单打战术教学

一、乒乓球运动基本战术的内容

（一）发球抢攻战术

发球抢攻战术是发球后即刻采用进攻技术回接球的打法。对于发球抢攻战术来说，用高质量的发球破坏对方的接发球是战术达成的关键，在对方回球出台或冒高的情况下抢先进攻。这是一项带有极强进攻性的战术，在比赛的任何阶段中使用都会有不错的效果，特别在比赛开场使用可以给人咄咄逼人的感觉，在关键分时使用又可以在气势上压倒对方。一般来说，发球抢攻战术主要有以下几种：

1. 正手发转与不转球后抢攻

正手发转与不转球后抢攻战术中的发球落点主要为对方中路偏正手位或正手

位短球为主，时而配合正手位长球。在战术执行的前期以发短下旋球为宜，如此可以更好地限制对方的接发球抢攻，然后考虑发不转球抢攻，以改变对方对前面的下旋球回接上的习惯，从而容易出现冒高的情况，此时就是抢攻的好时机。

2. 正手发高、低抛左侧上、下旋球后抢攻

高抛低抛发球结合使用可以打乱对手的盯球节奏，高抛发球时球在下落的同时带来更大的加速度，有利于发出更加强烈的旋转。这种发球的落点为对方中路偏反手，结合中路长球，时而配合几个正手奔球，如此变化多端的落点和旋转让对方难以探寻到发球规律，若抢攻和发球落点方向相反的落点则威胁更大。

3. 下蹲发球后抢攻

下蹲砍式发球的隐蔽性较强，可发出的旋转和落点也更多。在下蹲砍式发球后抢攻，非常容易抓住对方接发球质量不高的机会进攻得手。当然，为了执行这个发球抢攻战术，运动员要练好下蹲砍式发球技术。

4. 反手发急上、下旋后抢攻或抢推

反手发急上、下旋后抢攻或抢推战术属于发长球抢攻战术，通常实战用往往是作为配合发短球使用的。具体的应用情况有以下两种：

（1）反手发急上旋至对方反手后侧身抢攻。要求急球发得要突然、落点深，这样的发球不容易被对方高质量抢攻。时而还需要与发直线长球相配合，效果更为理想。

（2）反手发急下旋至反手推攻较差的选手反手位，对方大概率以搓球技术回接，此时来球大概率出台，因此可以采用反手进攻技术或侧身用正手进攻技术抢攻。

5. 反手发右侧上、下旋后抢攻

反手发右侧上、下旋后抢攻战术要求发球落点通常为对方中路偏正手位短球或半出台球，时而配合发两大角长球。这种战术对于反手进攻技术较好的选手来说非常适用，从而形成两面均可上手进攻的有利局面。尤其反手起板、出手快、突然性强，使对方较难防御。

（二）接发球战术

接发球战术应用于对方发球之后，正确的接发球战术是破解对方发球战术的

有利方法，并且还能使本方在接下来的回合中占据主动。面对不同来球的接发球常见战术有以下几种：

1. 稳健控制法

利用拉、推、拱、搓等技术接发球，这种战术的意图在于立足于防，以稳为主，注重回接球的上台率，但在执行过程中也需加强手法、落点的变化和对弧线的控制，以免给对方太过理想的进攻机会。由于太过缺乏攻击性，因此这种接发球战术如今更多被削球选手使用。

2. 接短球

面对对方发短球的接发球战术可以有快摆结合劈长和挑打或晃撇两种。快摆结合劈长是以摆为主，适当配合一些劈长，劈长时要注意把角度劈开，迫使对方移动脚步，还要注意给劈长加转，以此来考验对方起下旋的能力。挑打或晃撇在现代高水平对抗中较为常见，是一种非常积极的台内上手技术，主要应对对方发来的不转球或上旋球。对于不转球还可以利用手腕和身体的晃动将球撇至对方反手大角，这对于对方的判断来说有极大的迷惑性。

3. 接发球抢攻

接发球抢攻是一种侵略性极强的接发球战术。为了扭转接发球总是居于被动的局面，各国乒乓球运动员都在注重和研究更好的接发球战术。接发球抢攻战术就是在接发球环节直接进行进攻，其关键环节就在于对对方发球的准确判断，再配合到位的移动，才能完美执行这个战术。为此，在日常训练中要经常进行接发球技术和步法练习，以此支撑这个战术的实施。

（三）搓攻战术

搓攻战术主要以搓球技术作为主要战术支撑，并结合多变的旋转和落点控制对方，以寻找战机，然后采用台内台外进攻技术展开攻势并开展连续进攻。

1. 搓转与不转后抢攻

通过手指手腕的变化，在搓球中可以选择是否给球施加较强的摩擦，从而产生不转或旋转较强的球。这样可以给对方造成判断困难，回球质量降低，给本方进攻带来机会。需要注意的是，在"40+大球时代"，单纯依赖搓球的旋转就想控制对手的情况已经很难出现了。为此，在保证球有一定旋转的前提下还要结合良好的落点，才能达到限制对方的目的。

2. 搓对方进攻的薄弱环节，自己抢先进攻

在比赛进行了一段时间后，如果发现对方在接发球中某个技术环节存在漏洞，就可以抓住这个良机，在后面的接发球环节中将摆短、劈长等技术运用到对方弱点上，然后伺机进攻。

3. 先搓反手大角，再变直线，伺机进攻

搓球到对方反手位大斜线，然后对回球进行抢攻。这项战术主要用来对付反手进攻能力较弱的选手。

4. 下旋转为上旋

（1）双方搓球斗短过程中突然改为拧拉或挑打，变下旋为上旋，由此主动进入对攻阶段。

（2）搓中突击。这种战术主要为直拍正胶选手使用，即在判断出对方的回球旋转不强时，首先用搓回接，然后采用突击或快点技术，由此主动进入对攻阶段。

（3）搓中变推。这种战术主要为直拍正胶选手使用，即在判断出对方的回球旋转不强时，首先用搓回接，然后采用推挡或加力推技术回接，由此主动转为对攻阶段。

（4）搓中变拱。当对阵削球手时，在对搓中拱一板，由此主动转为对攻阶段。

（四）拉攻战术

拉攻战术是一种专门用来对付削球打法的战术。其战术目的在于利用拉球的速度、旋转、落点等变化控制对方，从而制造较好的得分机会。常用的拉攻战术有如下几种：

1. 拉直杀斜或拉斜杀直

就乒乓球运动来说，斜线比直线略长出一段距离，因此，打斜线的上台率理论上是高于打直线的。如此一来，拉直杀斜和拉斜杀直这两种战术就各有利弊了。拉斜杀直过程中由于主要拉斜线所以相持阶段较为容易，然而在变直线杀板的时候失误率就可能升高；拉直杀斜尽管相持阶段有些难度，但在杀板时命中率更高，再加上斜线对对手的调动作用，使得战术效果更为理想。

2. 拉左杀右或拉右杀左

这两种战术的拉球线路为左右两个大斜线，在相持拉住一条斜线后，突然杀

另一条斜线。这在攻球选手对阵削球选手时是最为常见的战术。对于选择哪一条斜线作为拉住相持的那条，应以对方回球变化较少的一侧为准，出现机会后全力杀另一边。

3. 拉中路杀两角或拉两角杀中路

削球选手的弱点在其身体的中路位置。因此，拉中路杀两角或拉两角杀中路就成为非常理想的战术选择。在实战中，这种战术的效果较为理想，很容易调动对方的脚步并且造成对方预判困难。

4. 长短结合、旋转多变的拉攻战术

削球选手最忌惮的是脚下不稳，移动过多。为此，在拉攻战术中就要充分利用拉球的长、短落点变化和旋转变化来不停地调动对方，以及增加对方对球性的判断难度，如先拉两板长球深至端线，迫使对方退台削球，当对方刚刚落稳步法后再突然拉一板短球，调动对方移动回到台前回接，从中寻找对方回球质量下降的契机伺机杀板。

（五）对攻战术

对攻战术主要依靠正反手攻球、推挡、快拨等突出速度的技术来达到调动并压制对方进攻的目的。而如果采用弧圈球技术的话，则突出以旋转制衡对手。

1. 攻两角战术

（1）对角攻击

首先压住对方反手位大斜线以抑制对方从容组织进攻的行为，如对方攻本方直线正手位，则直接回对方正手位大斜线（图 4-3-1）。

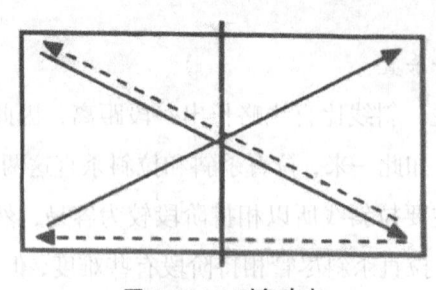

图 4-3-1　对角攻击

（2）双边直线

面对直线来球继续将球按来球线路回击回去（图 4-3-2）。

图 4-3-2　双边直线

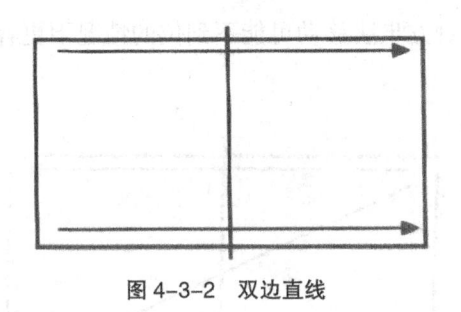

（3）逢斜变直，逢直变斜

这是利用大的显露变化打乱对方惯性回球思维的一种战术。这种战术的思路较为简单，即面对斜线来球即回直线，面对直线来球即回斜线。为了保证线路质量，所回接的球的落点应以靠近端线为宜（图 4-3-3）。

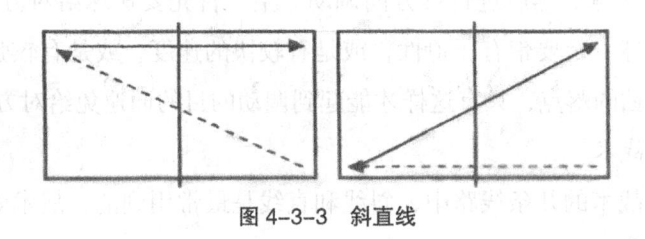

图 4-3-3　斜直线

（4）调右压左和调左压右

这两种战术的选择要根据对手的技术特点和临场情况随机决定。

①调右压左：首先回球到对方正手位，调动对方退台用正手回球，然后再回对方反手位大斜线迫使对方回球质量降低，然后觅得本方进攻的主动权（图 4-3-4）。

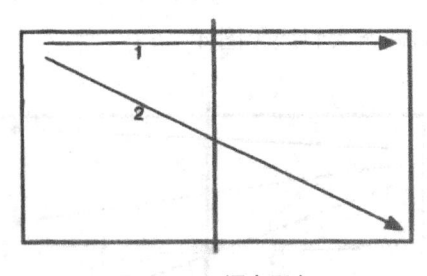

图 4-3-4　调右压左

②调左压右：这种战术对于那些擅长使用侧身步法正手进攻的运动员格外适合。首先压对方反手位长球，迫使其退台或可能的侧身进攻，一旦对方侧身便回

球到正手位直线，在对方步法移动可能不到位的情况下更容易觅得本方进攻的主动权（图 4-3-5）。

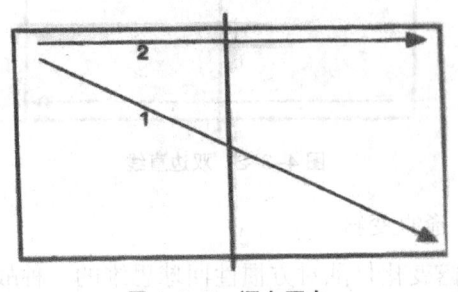

图 4-3-5 调左压右

无论采取调右压左和调左压右中的哪一种战术，其根本目的都在于首先要让对方的正手来回球，然后进行反方向调动。鉴于首先要送球给对方的正手进攻，因此所给出的球一定要带有压迫性，或是有较快的速度，或是有较强的旋转，抑或是有较为刁钻的落点，只有这样才能起到调动的目的而避免给对方送机会。

2. 攻追身战术

在乒乓球战术的几条线路中，斜线和直线是最常用到的，战术效果最佳。还有一条线路叫作追身线，这是一条并非以球台作为参照物的固定线路，其线路标定物为对方的身体。人的生理构造和乒乓球技术的特点决定了人的身体中路位置是最难以充分发力击球的，因此，攻追身战术的实际效果非常理想，特别是对阵个子较高、移动速度较慢的对手更加适用。

（1）攻追身杀两角

首先攻追身的一板要打到对方身体中路位置（通常为球台的中路偏反手位位置），然后发力进攻左右两条大斜线（图 4-3-6）。

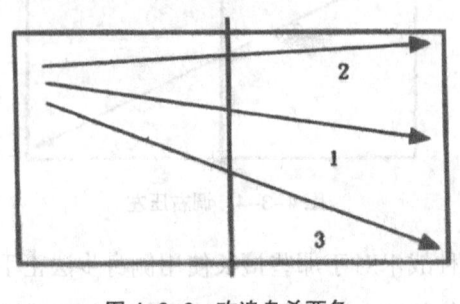

图 4-3-6 攻追身杀两角

（2）攻两角杀中路（追身）

首先回球到正或反两条大斜线的位置，然后发力进攻对方的中路位置（图4-3-7）。

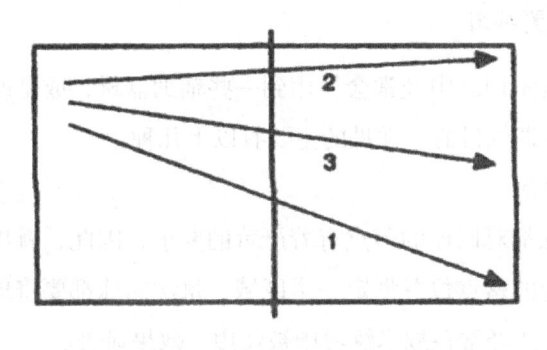

图4-3-7　攻两角杀中路

（3）攻追身杀追身

连续压对方追身位，锁住其步法使他们不敢贸然侧身或扑正手，然后发力进攻中路或两条大斜线（图4-3-8）。

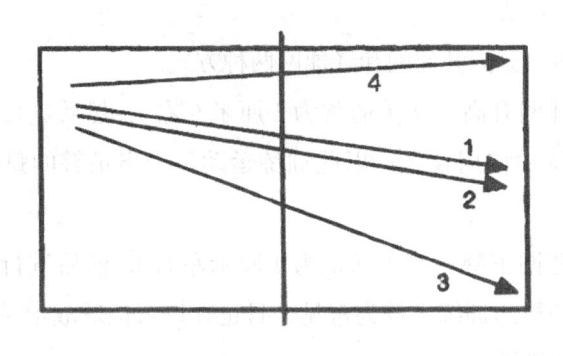

图4-3-8　攻追身杀追身

二、乒乓球运动基本战术的训练

（一）单一战术练习

单一战术练习是指将复杂的战术简洁化、单一化地训练，以此能够让运动员更加清楚战术中的每个环节的意义。例如，当对手为直板快攻结合弧圈打法时，其正手的进攻能力普遍较强，为了针对对方的这个优势，就可以采取调反压正再压反的战术等。等这些战术的形成都是在长期比赛中总结出的运动规律，在日常训练中养成多套战术习惯，比赛时就可以做到自动化运用。

（二）附加装置练习

在乒乓球技战术训练中经常会使用到一些辅助器材，或是改变原有器材的规格，以便实现某种训练目的。常见的主要有以下几种：

1. 击区域练习法

许多战术训练都对回球的落点有着严苛的要求，因此，就出现了击区域练习法，即在对面球台的落点位置划定一个区域，每次回球都要将球打到那一个或多个区域中。这种方法经常在战术练习中被使用，效果显著。

2. 网上加线练习法

网上加线练习法顾名思义就是在球网上方的一定距离位置拉上一条线，要求运动员的回球要在加线和球网中间穿过。这种训练方法在搓球战术和发球战术中使用较多，以此来训练运动员的回球高度控制能力。

3. 升降球网练习法

升降球网练习法分为升球网和降球网两种方式。

升网法是将球网升高一些（通常为1厘米左右），然后进行击球练习。升网法在进攻战术训练中使用较多，以此训练运动员击出足够的弧线以提升回球上台率。

降网法是将球网下降一些（通常为1厘米左右），然后进行击球练习。降网法在削球打法运动员的训练中较为常见，且也在练习搓球战术时使用，以此训练运动员较低的回球弧线。

（三）意念打球练习

意念打球练习是一种结合了心理学原理的乒乓球训练方式。在使用意念训练法时务必要选择相对安静的环境，这有利于运动员集中注意力。意念打球主要可通过以下几种方法进行练习：

1. 纯意念练习

纯意念练习是单纯依靠意念来想象对手的战术打法和本方的战术应对，也可以就某一项单一战术进行意念想象。

2. 假想对手，做各种手法、步法练习

脑中想出对手击出各种球，自己做相应的回球动作。

3. 暗示拼抢 1 分练习

这个训练要在每回合开始前进行。具体方法为心中默念："拼，拿下这一分！"随后，屏气凝神，高度专注于比赛。此练习的目的在于训练运动员的注意力，集中精神拼搏的毅力。当比赛来到关键分时这个训练的成果能更好地体现出来。

三、乒乓球单打战术的学练方法

（一）加强主动进攻，提高速决能力的练习

现代乒乓球运动对于抢先上手进攻非常崇尚，先上手也的确是掌控局面的好方法。为此，在单打战术学练中就要突出上手意识，并结合如下训练方法进行练习。

1. 固定发球的抢攻和连续攻练习

该练习不仅可以提升主要发球套路的发球质量，还可以提升发球后与进攻技术的结合套路能力。

2. 多样发球的抢攻和连续攻练习

该练习不仅可以练习多套稳定的发球，同时还对不同发球的抢攻战术能力有较大提升。

3. 发球结合其他战术的进攻练习

发球积极主动上手抢攻，如抢攻不能一板决定胜负的话还要连续进攻。这种练习可以使运动员在任何情况下都积极上手，掌握控制的主动权，从而为之后的进攻创造良好条件。

4. 抢攻得分练习

规定发球抢攻得分比赛，规则为每人一球轮换发球，发球运动员必须采用发球抢攻方式得分才算有效得分。

（二）提高应变能力的练习

无论是对方的战术还是自身实施的战术都不是绝对一致的，场上情况的瞬息

万变使得运动员必须要具备良好的战术应变能力。为此，推荐如下几种训练方式：

1. 单一战术训练中攻防结合的练习

该练习可以有效提升运动员在单一战术条件下的攻防转换能力，这是他们在比赛中应对各种攻守情况的基础。

2. 在对方发球情况下，先防后攻的练习

发球在乒乓球运动中是唯一一项不受对方干扰的技术，再加上发球时手指手腕的变化，让发球变得不容易判断。为此，在训练当中可以安排对方发球时本方首先立足于防守，然后伺机反攻的练习。这是一项非常务实的训练内容，能够使运动员在比赛中从容应对各种困难情况。在练习时，对防守的要求是用积极的技术防守，如快带、反撕等，并配合刁钻的落点，以此为本方的防守反击创造可能的机会。

3. 在对方发球情况下，又防又攻的练习

对方主动发球时，根据来球质量决定采取进攻或防守技术回接。这种练习有利于提升运动员攻防结合能力。

（三）提高战术质量，培养特长的练习

为了使得运动员练出几种擅长的战术套路，可以采取如下训练方法：

1. 单一战术的专门练习

对单一战术进行专门化练习可以使运动员对一种战术套路有更为深刻的认识，便于他们吃透战术的意义和效果以及在实战中如鱼得水地运用。例如，在相持对攻阶段中，"攻两角"是一个完整的套系战术，其还可以被细分为攻两对角线和攻两直线，进而衍生出紧盯左角、突袭右角、逢斜变直、逢直变斜等几种套路，这些在相持战术训练中都要练到和被强化。如此一来，运动员对这种战术的掌握就越发娴熟，运用也就更顺畅。

2. 单套战术提高特长的练习

运动员依据自己的技术特点有针对性地掌握与学习某些战术的具体运用方法，久而久之就能够将其发展成自己的特长。还是以相持阶段的"攻两角"战术为例，鉴于不同运动员的技术能力差别，使得有些运动员擅长打斜线，有些则擅长打直线，于是就可以根据运动员的击球习惯在全面掌握战术意图的基础上，以其更倾向的技术来练习，最终使之成为自己擅长的战术套路。

第四节 乒乓球运动双打战术教学

乒乓球双打是一种重要的乒乓球运动形式，其是由两方派出的两人按照双打规则进行的比赛。在大型乒乓球专项赛事中普遍设有双打比赛，具体包括男双、女双和混双三个小项。与单打项目相比，双打项目无论从规则上还是从技战术上都有很多不同之处，由此也就形成了对其战术的不同教学与训练方式。本节就对乒乓球双打的基本理论、战术分析以及训练方法进行指导。

一、乒乓球双打的基本理论

（一）双打的特点

1. 双打是两人协同作战

由每方的两名运动员协同进行比赛的形式就是双打。为此，队友之间要团结协作、互相支持，在技战术上要互相辅助、互相弥补，多为同伴创造机会，设法掩护同伴的缺点。

2. 步法移动更多

在双打比赛中由于要给同伴让出击球的位置，因此在步法移动上更加频繁，方向也更加多样，即除了最常使用的左右移动步法外，还加入了更多的前后移动步法。这就要求参加双打项目的运动员要注重对步法的训练和习惯在移动中击球，进而也要求他们具备较为全面的技术能力。

3. 发球区的限制

双打规则中有关于发球限定区域的规定，即双打发球球体首先要落于本方右半台区域，然后落于对方右半台。这一规则就大大减弱了双打中发球的威力，降低了对方接发球的难度。鉴于这条规则的存在，从战术上就要做出相应调整，如增加接发球的战术选择以及制订多样化的相持阶段战术等。

（二）双打的配对技巧

在选择双打运动员时首先要考虑两名运动员的性格和彼此的信任度，在技术上要能尽量互相弥补，这样才能同时发挥两人的长处，不限制某人的能力。下面就详细阐述几种常见乒乓球双打配对的选择思路。

（1）如果两名运动员同为直拍握法的话，应尽量一名为正胶快攻打法，另一名为反胶弧圈打法。

（2）两名打法相同的运动员配对时，应尽量握拍一左一右、一快攻一弧圈。这种配对方式最经典的组合是我国组合王涛和吕林。

（3）一名快攻选手和一名弧圈选手配对时，两人应一前一后、一快一转。这种配对方式最经典的组合是我国组合孔令辉和刘国梁。

（4）一名使用两面不同性能球拍和一名使用常规球拍的选手配对。前者充分发挥球拍的不同性能，变化球的旋转，为后者创造进攻机会。

（5）两名削球选手配对。如果是削球选手配对双打的话，一般也会为其配备一名削球选手，如果是一削一攻配对的话，不仅不能发挥出进攻选手的威力，同时也不能实现稳健的防守。两名削球选手中，应至少有一名运动员具有较强的削中反攻能力。这种配对方式最经典的组合是韩国选手金景娥和徐孝元。

二、乒乓球双打战术的分析

乒乓球双打的战术是通过两名运动员共同配合实现的。双打战术的目标在于取两名选手之所长，补两名选手之所短，力求最终有针对性地抑制对手的发挥，其战术精髓在于两名选手之间的位置转换与打法互补。下面就重点对双打的两人移动方法以及面对不同打法组合时的战术应对进行研究。

（一）双打位置的移动

双打比赛对运动员的步法移动能力有着更高的要求，但鉴于有同伴的存在，因此在移动中需要注意如下几点问题：

（1）移动的路线不能影响同伴对球的观察。

（2）移动的路线不能干扰同伴的移动。

（3）移动后所处的位置要有利于下一板击球。

对于双打运动员来说，其选择的移动步法和线路的依据都是以来球属性和符合本方战术打法为依据的。不管这种移动看似有多么复杂，其根本还是由左右移动、前后移动和曲线移动三种形式构成。下面就分析几种常见的运动员移动线路。

1. "八"字移动

"八"字移动的方法更多使用于本方两名运动员持拍手为一左一右时。具体移动方法如图 4-3-18 所示，两名选手击球后分别向自己站位的外侧后方移动，两人移动的线路好似一个"八"字。这种移动方式的好处在于两人间没有移动线路上的交会，彼此间基本不会受到移动上的干扰。

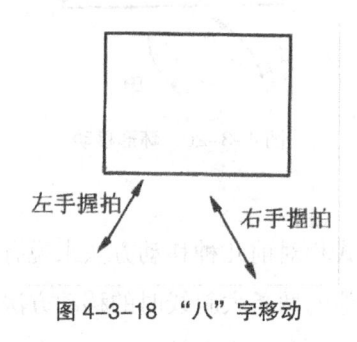

图 4-3-18 "八"字移动

2. "T"字形移动

这种打法较多适用一近台快攻、一中远台弧圈打法的组合中。具体移动方法如图 4-3-19 所示，快攻打法运动员在近台以左右方向移动，弧圈打法运动员在中台、中远台甚至远台做前后移动（配合左右移动），两人移动的线路好似一个"T"字。这种移动方式的好处在于能够充分发挥彼此的技术特点，形成一近一远、一快一转的战术态势。

图 4-3-19 "T"字形移动

3. 环形移动

如果配对选手同为右手持拍，那么在让位移动上就很容易出现交会的情况，为了避免这种情况给彼此带来的干扰，就出现较为合理的环形移动法。具体移动方法如图 4-3-20 所示，一名运动员在完成击球后先向后再向左以一个弧线形的路线后撤，另一名运动员同样以从左后到右前的弧线来到台前击球，两人循环往复。

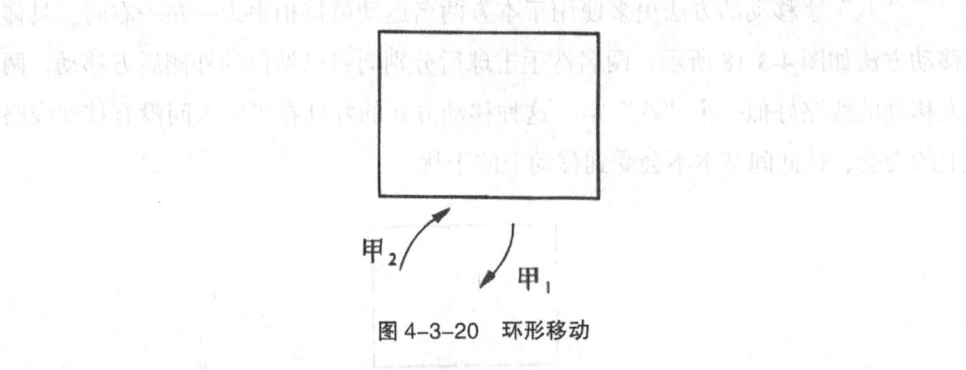

图 4-3-20　环形移动

4."∞"字形移动

"∞"字形移动的方式相对前几种移动方法来说有些复杂，它主要是应对对方针对本方某一个人攻击他的两条大斜线时的移动方法，这个方法是在环形移动的基础上结合更多的左右步法产生的（图 4-3-21）。

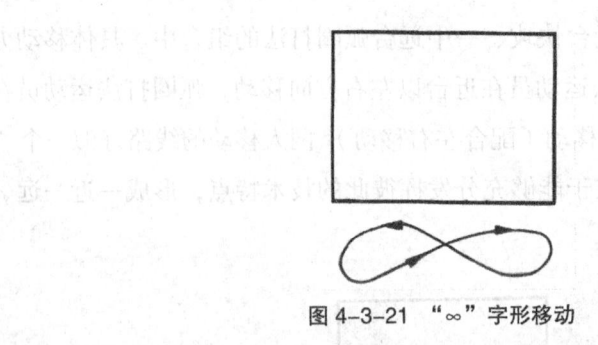

图 4-3-21　"∞"字形移动

（二）快攻类打法对快弧类打法的战术

1. 发球抢攻的战术运用

快攻打法的运动员非常注重前三板战术的运用，力求通过多变的发球夺取主动权。在发球抢攻战术的运用中，多以发侧上旋、侧下旋或转与不转的近网短球为主，配合发长球偷袭对方正手位大斜线，然后伺机抢攻。在落实这个战术时要力求做到抢攻快、落点准，以此提高发球抢攻战术的质量。

2. 接发球抢攻的战术运用

接发球抢攻战术首先要保证对发球判断的准确性。由于双打规则中对对方发球的落点区域进行了限制，因此，对发球落点的判断显得更为简单一些。在接发球时要选择适当的技术抢球的上升期回球，此时运动员的进攻意愿要坚定，力求出手快、线路多，攻对方空当或追身的意识强。如果对方的发球质量很高而确实不能采取进攻的话，可先过渡一板，但要以对方不能轻易上手进攻为前提，以此为同伴下一板进攻创造机会。

3. 连续攻击追身球的战术运用

当对方是一左一右横握球拍的选手时，对方的正手进攻能力很强且整体防守范围更大，一般的战术其效果都会有所减弱，此时，攻追身战术的意义就能更好地体现出来。所谓的攻追身战术即从发球、接发球甚至过渡环节都要执行，将球回击到对方两人的中间位置，配合几个两条大斜线的回球。这样的战术目的在于削弱了对方防守面积大的优势以及让对方减少正手进攻的优势。如此可能造成对方的预判失准、重心转换不明，从而为本方的进攻创造机会。

4. 连续攻对方某一点后变线的战术运用

根据对手的实际能力情况，可适时采用连续攻对方正手位或反手位某一线路，然后突然攻另一条线路的战术。这种战术的目的在于能够让两名对手为回接来球而被迫来到球台的一侧，另一侧就会出现一个较大的空当，这个空当就是杀板的机会。值得注意的是，在变线杀板的一击时要稳中带凶，减少失误率，特别是从斜线变为直线的那一板。

5. 从中路突破再变线的战术运用

如果对阵的选手同为右手横握球拍弧圈结合快攻打法，那么就要考虑从他们的中路位置突破，然后寻求边线杀板。具体的战术方法为，以发台内短球为主，伺机抢先突击，突击的位置为对方身体的中路偏正手位置，限制对方的顺畅发力，在相持时可以考虑连续攻同一条线路调动对方到球台的一侧，然后以中路和另一条斜线作为杀板线路。在执行这一战术时要抱有积极进攻的心态，过分保守会给对方留下反击的机会，丧失战术主动权。

（三）弧圈类打法对弧圈类打法的战术

1. 发球抢攻的战术运用

一直一横选手的配对，发球者多以中路近网侧上、下旋或转与不转球为主，适当配合有速度的中路长球，这种突出"中路"的特点主要是为了限制对方回大角度球，为同伴创造机会。现在的最新技术是，当对方快拉、挑、点过来的球时，同伴应利用反削或反撕技术至其空当，这往往使对方措手不及。

2. 接发球抢攻的战术运用

充分利用弧圈球技术的特点，积极主动抢先上手（滑板、快拉、挑、点）打对方的空当。当对方站位远离球台或进攻能力较弱时，可用摆短至中路过渡，为同伴进攻创造机会，要求回球旋转强、弧线低、落点好。

3. 防守反攻的战术运用

当被迫成为守方后，首先应具备顽强的意志品质、高度的责任感与坚定的取胜信心，同时还应具有良好的防御能力及手上感觉、灵活的步法移动能力。通过激烈争夺而取得的一分球，能够鼓舞士气，增加心理优势，从而扭转整场比赛的战局。采用此战术时，防守要求弧线高且长、落点尽量靠近底边端线，适时增加旋转（通常为侧上旋），在防御的过程中镇定、稳妥，寻觅反击的机会或是为同伴反攻创造有利条件。

4. 站位变化的战术运用

随着比赛的不断深入，在双方各自的技术、战术和打法等特点都已被对方适应的情况下，可利用变化站位的形式来迷惑对方。如正手位接近网短球较弱、接长球较强，而在接发球时改用反手接发球的站位来迷惑对方，因为正反手接球的方式和旋转效果有很大的不同，以这种方法达到扰乱对方发球战术和发球后衔接第三板的目的，伺机为进攻创造机会。如接突然发过来急长球不好，就主动在接发球时适当远离球台，造成有意识接长球的假象，使得对方会考虑改变发球。当对方发球的一瞬间立即移动步法，从而为自己在接发球上赢得主动。这种站位的变化往往能起到出其不意的效果，造成对方的慌乱和失误。

5. 对拉中交叉攻击两大角的战术运用

当对手是两名右手握拍选手或是一名直握、一名横握选手时，应充分运用拉两条斜线，迫使对方大范围地在跑动中回击来球，造成对方回球质量不高、步法走位混乱，出现大力扣杀机会，从而掌握场上的主动权。对于线路落点要求尽量攻击对方直板选手的反手，左右冲对方横板选手的两个大角为宜。这样的线路打法可以极大地限制直板选手的正手弧圈，使对方攻击力减半。

（四）攻球类打法对削球类打法的战术

1. 发球抢攻的战术运用

进攻型选手对削球选手比赛时，发球抢攻战术虽不如进攻型对进攻型选手那么重要，但若能把握发球抢攻战术，采取突然袭击的方法，往往令对方措手不及，能收到比较好的效果。如在发球时突然改变发球旋转；连续发近网短球后突然发急长球进行抢攻；在连发长球后，突然改发短球进行抢攻等，由此能在心理上占据主动，起到扰乱对方的作用。

2. 发球抢攻或接发球抢攻的战术运用

利用发球抢攻与接发球抢攻打乱对方的战术意图，在发球后或接发球时，看准旋转，尤其是对底线加转下旋球，充分利用弧圈球或突击到对方的中间偏右处，再伺机扣杀或爆冲另一方的近身或两大角。接发球寻找机会突然起板，造成对方措手不及判断失误，打乱对方战术部署，为全局的胜利奠定基础。

3. 拉两大角突击中路的战术运用

在拉球的过程中，向对方站位的相反方向过渡，迫使对方大范围地移动步法造成碰撞，伺机扣杀中路。要求拉球线路长、落点刁、旋转、速度、节奏、变化大，这样才能出现机会。

4. 拉一点突击两大角的战术运用

先拉对方固定一点，当对方两名选手移位不及时，进行突击和连续扣杀；或拉弧圈球（突击）至对方两名选手不同的空当，迫使对方左右奔跑，出现机会再伺机扣杀。

5. 搓中突击的战术运用

对于削球技术水平稳健又具有一定进攻能力的选手，利用搓球的旋转变化、长短变化及线路变化，使对方频繁地在前后走动中回球，造成其步法频繁移动、重心不稳、回球质量降低，再伺机进行前冲或突击；出现机会球时同伴可大力扣杀或拉前冲弧圈球，没有机会再用搓短球过渡，迫使对方在前后移动中出现漏洞。

（五）防守类打法对防守类打法的战术

1. 前、后站位的战术运用

一般两名防守选手配对，两人一定会有各自的特点，一方会偏重于进攻，另一方则更偏重于防守。这样一来，擅长反击的选手可稍前站位，以便于搓球和反击；另一名擅长防守的选手可站位稍后，预防对方突然袭击形成攻守兼备的局面。韩国女双削球组合金景娥和朴美英就是这种站位的最好体现，防守更加稳健的老将金景娥稍稍靠后，相比之下更善于削中反攻的朴美英站位更加靠前。

2. 发球抢攻与接发球抢攻的战术运用

由于双方都是防守型打法，一旦形成相持的话对于哪一方都很少能占据主动。这个时候发球抢攻的威力就可以发挥了，一方面可采用特长发球技术伺机进行抢攻；另一方面也可根据同伴的打法特点有选择地发球，以利于同伴进行抢攻。接发球时，尽量使用正手，可以伺机大胆地采用突然性接发球抢攻，以取得主动。

3. 防守反击的战术运用

当对方的攻击力强于本方时，在加强防守的同时，积极寻找机会进行反攻，从而削弱对方的攻势。实施此战术时应积极移动步法，同伴要做好连续进攻的准备。

4. 拉、搓结合的战术运用

首先要树立抢攻意识，其次搓球要有长短、快慢及旋转的变化，这样才能为突击创造更多的机会，同时也能打乱对方的战术意图，为防守带来良好效果。应注意抢攻要果断、线路要清楚。

三、乒乓球双打战术的训练

（一）双打战术训练的指导思想

一般来说，双打技术是建立在单打技术基础上的，单打技术水平高，双打水平也会较高，但这不是绝对的。因为双打是每人按次序各击球一次，除发球和接发球外，接下来的还击球在速度、旋转、力量、落点和节奏上都比单打难度大、变化多。这是双打与单打的最大区别也是双打的特点。根据这一特点，经过多年训练和比赛所形成的我国乒乓球双打训练的指导思想有以下几点：

1. 常年坚持，保证训练时间

双打要求两人可以感情交流、能够相互信任由此形成技术上的默契，这不是一朝一夕所能做到的，需要通过较长的训练时间去磨合。据此，我们认为双打要天天练，一般情况下每天练一次，一次练一小时左右，实践中还可根据具体情况适当调整。比如，接近大赛前夕训练次数和时间要再增加，道理是"熟能生巧"。

2. 双打的实用性和针对性是最主要的训练内容

双打要根据主要对手的特点（包括对方的弱点）进行训练，把两人的技战术融合在一起，光是拼命地练，并不能达到预期的效果。实用技术靠平时一个一个地去解决，练基本技战术可一对二，或用多球练。第25届奥运会前夕，某国双打强手的发球抢攻战术经常是第一板以中等力量抢攻，然后再伺机起板重扣或前冲。他们在训练中有针对性地解决了回击第一板中等力量的抢攻球，使对方无法接下去起重板扣杀或前冲，结果取得了成功。

3. 抓好发、接、抢技战术

双打比赛中发、接、抢和控制前四板球是重点，这两项使用率加起来占全局比分的55%～65%。最低也超过一半，最高接近全局的2/3。很明显，把这四个环节训练抓紧抓好了，取胜便有了保证。

4. 练好几种关键步法

"八"字形步法（一左一右配对）和三角形（环型）步法（两个右手配对）等灵活的跑动位置是打好相持球的基础。因为双打是在走动中击球，并且还要让位置给同伴还击。因此双打跑动范围相对比单打大，除了向左、右、前、后、斜上下方作"八"字形和向右方作绕圈循环跑动外，对角度大的来球有时还要作一前一后地跑动，步法不能停顿。要打出威力大（既有速度，又有旋转、力量及节奏变化）又命中率高的高质量回球，如果不训练灵活合理的步法是难以做到的。还有一种主要用于两名削球手的"T"字形步法，近削者向左、右移动呈"一"字形；远削者向左、右、前、后移动。

（二）一人对两人的定点训练

（1）定点击球练习。

（2）一点打两点，可限制左或右半台区域练习。

（3）半台对全台练习。陪练方在左半台或右半台回击到主练方的全台。

（三）两人对两人的定点训练

陪练方两名选手、主练方两名选手的对练。陪练方两名选手可以用以下方式进行：

（1）有序对无序练习。陪练方不受双打击球次序的限制，可任意一人连续击球。

（2）一点对两点练习。

（3）两点对两点练习。

（4）两点对一点练习。

（四）两人对两人的不定点训练

两人对两人的不定点训练是双打战术训练的主要方式之一。

（1）攻对攻练习。

（2）守对攻练习。

（五）发球和发球抢攻的练习

（1）发球专门练习。要去不断提高发球的质量，增加球路的变化，将球准确地发至规定的落点范围内。

（2）发球与抢攻相结合的练习。

（3）采用比赛或计分练习，进一步提高发球和发球抢攻的质量。

（六）接发球和接发球抢攻的练习

（1）接发球专门练习。一般采用二人对练的方式，陪练方发球，主练方接发球，将球接至规定的区域内。

（2）接发球抢攻专门练习。此练习可采用单人陪练，也可采用双人陪练。

（3）采用比赛或计分练习。进一步提高接发球和接发球抢攻的质量。组织专门的接发球抢攻比赛或计分练习。

第五章 乒乓球专项身体训练

本章介绍了乒乓球运动速度素质训练，乒乓球运动力量素质训练，乒乓球运动耐力素质训练，乒乓球运动灵敏素质训练，乒乓球运动柔韧素质训练。

第一节 乒乓球运动速度素质训练

一、定义

速度是指运动员在快速运动中迅速有效地变换方向，乒乓球运动中，速度快慢往往能区别一个运动员技术水平的高低。

乒乓运动中很注重速度，这里的速度指挥臂速度和脚步的移动速度，髋关节的速度同样重要。而这里的髋关节的速度简而言之指的是乒乓球在用髋部附近等核心部位旋转击球时的速度。如果髋关节转动没有速度，那么击球的质量便会大大下降。

速度训练是建立在协调的基础上，速度训练的同时也是锻炼个体的协调能力，速度提升了，协调性也随之提升。

二、速度训练

（一）弹力带直线冲刺（冲刺和原地高抬腿）

动作要点：

（1）运动员和教练前后位置站立，运动员绑好弹力带准备姿势站立。

（2）听到指令后，全力冲刺出去。

（3）启动一定要快。

（二）弹力带抗阻原地高抬腿

注意：启动和动作速度一定要快。

（三）速速跳绳（交换跳和双摇）

1. 速度交换跳

速度交换跳主要是提高神经中枢对下肢的协调能力；乒乓球运动的理想跳速为每分钟 240 次。

2. 速度双摇

速度双摇可以提高踝关节的速度和爆发力；每分钟不少于 120 次。

（四）腰腹速度练习

1. 药球转体

动作要点：

（1）双腿双脚并拢抬离地面，双手持药球放于胸前，腰背挺直。

（2）左右旋转身躯，手要触地。

（3）因为是腰腹速度练习，转体速度一定要快。

2. 仰卧起坐抛药球

动作要点：

（1）运动员面向教练，坐立，双手打开，准备接球。

（2）接球后迅速平躺，在起来的过程中，通过腹部快速收缩将药球从头顶抛出。

（3）教练接球后迅速扔给运动员重复练习。

3. 仰卧起坐抓药球

动作要点：

（1）运动员仰腿部折叠成 90° 仰卧，教练员手持药球在运动员一侧站立。

（2）运动员快速仰卧起坐伸直手臂抓药球，然后平躺。

（3）再一次仰卧起坐将手中药球递给教练员，重复练习。

4. 侧面药球砸墙

动作要点：

（1）运动员手持药球侧向面对墙壁。

（2）快速旋转身躯将药球砸向墙面。

（3）药球反弹后接球重复练习。

（五）小碎步接反应球

灵敏球也叫六角球、反应球、crazy ball 等，主要由于落地后反弹不规律性，需要运动员随时做出反应，对其反应能力与脚下快速移动能力有很好的提高作用。

动作要点：

（1）运动员小碎步准备，教练站在运动员对面，向运动员身前抛出灵敏球，灵敏球反弹后运动员迅速去接球，接球后迅速扔给教练员。

（2）可以反弹一次，也可以反弹两次，反弹次数越多，难度越大。

（3）教练员也可以在运动员身后抛球，接球时运动员需转身。

（六）小碎步接网球

动作要点：

（1）运动员小碎步准备，教练站在运动员对面，向运动员身前抛出网球，网球反弹后运动员迅速去接球。

（2）同样，可以反弹一次，也可以反弹两次，反弹次数越多，难度越大。

（3）由于网球反弹比较规律，所以抛球的速度要快，幅度要大。

三、速度练习需注意的事项和原则

（1）少年儿童大脑皮层神经过程的灵活性高、可塑性大，有利于发展速度和灵敏。因此，在训练中教练员要想办法、动脑筋，采用多种内容多种手法来练，尽量做到兴趣化、游戏化、争先意识化，这样能有效地促进专项技术的发展。

（2）在进行速度和灵敏的训练时，应进行一些柔韧性练习。最好进行动态拉伸，如一字牵拉、拉伸等。因为在进行速度和灵敏的练习时，将会给肌肉造成强烈、突然的刺激，往往容易发生肌肉撕裂、挫伤、断裂等伤病，所以需要充分进行柔韧活动之后来完成。

（3）速度和灵敏的训练应该安排在课时训练的前半部分，不要在运动员疲劳的情况下安排练习。因疲劳时人体的力量、反应、速度和爆发力都会下降，在这种情况下会丧失协调性，如果勉强进行训练收效不大，甚至还有副作用。

（4）由于少年儿童无氧代谢能力较差，在进行速度和灵敏的训练时，运动量上不宜过大过猛，不然容易疲劳。要循序渐进，强度和数量要逐步增加。

（5）在训练中要根据每个运动员的具体情况以及男女之间的生理特点区别对待，合理安排。一次课的训练内容不宜安排得过多，一般可练习一到两个内容，但重点要突出，要短小精悍，速战速决。

（6）在选择专项速度和灵敏的训练手段时，要注意练习的性质与专项技术动作的结构和神经肌肉用力的性质相近似，所以可选择主要技术的单一动作为手段（如手法、步法等）。训练中并要注意使用有规律的动作。

第二节 乒乓球力量素质训练

一、非优势侧（弱侧肌群）力量训练

乒乓球运动是以速度、爆发、灵敏等身体素质为主的高速度、强旋转和快速移动的隔网对抗性比赛项目，运动员的专项身体素质对其技能的发展和比赛的发挥起着重要作用，尤其是乒乓球材质和规格的改变对球速和旋转的影响，对运动员的专项身体素质提出了更高的要求。

乒乓球运动属于非对称性运动项目，运动员在十几年的运动训练过程中如果忽视了身体素质的均衡发展，就会导致运动员身体形态畸形、肌力失衡。

通常运动员随着竞技水平的提高，运动员损伤的风险也随之增加，特别是乒乓球运动员。由于项目特点导致的肌力、柔韧的不平衡，有可能在腕关节、肩关节、腰骶关节和膝关节等部位出现运动损伤，影响运动成绩的提高和运动寿命。

二、弱侧肌群的训练内容

（一）弹力带抗阻扩胸

训练肌群：肩袖和三角肌后束

动作要点：

（1）双手在胸前拉紧弹力带。

（2）双手同时向外拉，做扩胸练习。

(3)肩胛骨内收发力。

（二）弹力带抗阻肘外摆

训练肌群：肩胛冈下肌和肩袖

动作要点：

（1）弹力带固定在一侧，运动员肘部夹紧。

（2）拉紧弹力带，肘部固定，小臂外摆。

（三）弹力带抗阻肘侧上摆

训练肌群：前臂肌群；三角肌后束

动作要点：

（1）弹力带一端固定，也可以固定在脚底，如运动员所示拉紧。

（2）肘部加紧斜向上侧摆。

（3）先从非持拍手开始训练。

（四）弹力带抗阻肩上后摆

训练肌群：肩袖；三角肌后束

动作要点：

（1）弹力带一端固定，运动员用力拉紧。

（2）架肘，弹力带拉紧的同时高抬。

（3）先从非持拍手开始训练。

（五）弹力带抗阻肩斜上拉

训练肌群：肩袖；三角肌后束

动作要点：

（1）弹力带一端固定在异侧脚底。

（2）异侧手伸直手臂拉紧弹力带。

（3）非持拍手先开始训练。

（六）弹力带抗阻直臂后摆

训练肌群：肱三头肌

动作要点：
(1) 弹力带前方固定拉紧。
(2) 肘部固定，直臂后拉。

第三节　乒乓球运动耐力素质训练

一、定义

运动耐力，是指保持运动的耐久能力。乒乓球运动耐力对心肺要求不像400米跑那样特别高，在整个比赛中当中，每打完一球，运动员都有一点儿时间可以自我调整，整个强度要比400米跑等项目低得多，所以在安排强度的时候不适宜太大。

二、训练组合

根据国家队以及省市队在进行乒乓球极限多球训练时间一般有两个模式，一分钟和两分钟。在进行一般运动耐力训练的时候教练员自己实际组合动作。设置4个训练点站，每个训练点站分配不同的任务和要求。整个组数完成时间控制在2～2.5分钟以内。

耐力组合练习模块：

（一）组合一

如表5-3-1所示，耐力素质训练组合一。

表5-3-1　耐力素质训练组合

动作	个数	时间
快速交换跳绳	30	30秒
立卧撑	30	45秒
两头起20次+背起30次		30秒

(续表)

动作	个数	时间
小碎步网球抛接球		15秒

（二）组合二

如表 5-3-2 所示，耐力素质训练组合二。

表 5-3-2　耐力素质训练组合

动作	个数	时间
俯卧撑	20	40秒
快速双摇跳绳	50	30秒
平板支撑		60秒
快速侧滑步		20秒

（三）组合三

如表 5-3-3 所示，耐力素质训练组合三。

表 5-3-3　耐力素质训练组合

动作	时间
原地快速高抬腿＋弹力带抗阻冲刺20米＋冲刺20米	30秒
静力侧板撑每侧15次	30秒
药球砸球每侧10次	30秒
哑铃体前屈扩胸16次	30秒

以上组合仅供参考，教练可以根据自己的目的和要求自行设计组合，主要还

是以发展队员的心肺功能为主。

三、组合训练设计原则

（1）避免同类动作在同一个组合内重复出现。

（2）要考虑到不同肌群的训练。

（3）动静结合。

（4）要考虑到场地、器材的等时机的具体情况。

（5）以提高心肺为主贴近乒乓球训练。

（6）练习内容尽可能符合乒乓球项目的设计需要。

第四节　乒乓球运动灵敏素质训练

灵敏素质是指乒乓球运动员对动作应变速度的快慢和判断是否准确。专项灵敏素质是运动员在专项运动中，迅速、准确、协调自如地完成本专项各种技术动作的能力。它是在一般灵敏素质的基础上，多年重复专项技术，提高专项技能的结果。由于乒乓球运动属技能主导类隔网对抗性项目，每一回合都在快速变化中完成，决定了专项灵敏素质在乒乓球比赛中的重要性。运动员在比赛场上对比赛中每个球的速度、力量、旋转、落点和弧线必须作出快速判断和灵敏的动作，才能迅速地作出各种合理反应，它是衡量优秀乒乓球运动员的一个重要指标。提高灵敏素质的训练方法有以下几种：

（1）注意培养多种能力。灵敏素质是人体的一种综合能力，在训练中，可以采用运动员看教师的手势或听口令，按照规定要求做各种步法手法结合练习。托球跑并穿过障碍规定目标后折返跑，将球传给下一个同伴，看谁先完成。

（2）练习时间应适当。灵敏素质练习一般放在训练课前，而且时间不宜太长，可采用分组形式。

（3）结合专项特点进行训练。多球练习：两人一组，在球台设置一个目标，在规定的多球数目中看谁击中目标的次数多。

（4）围绕球台进行轮换击球练习。三人或四人一组，两人各站球台一端，首先由球台右端的运动员发球，击完球后按照逆时针轮转跑动依次击球，要求移动快而且失误少。

灵敏素质是以其他各种素质为基础的，反应判断的快慢决定相应动作的快慢，速度力量又决定了反应动作的快慢。因此，只有运动员做出快速动作后，才能准确判断运动员的灵敏素质水平。如果没有运动技能、其他素质作保障，那也就没有灵敏素质。灵敏素质之所以是运动技能、神经反应和各种素质的综合表现，是因为各技术动作都会不同程度地体现力量、速度、耐力等素质，并通过力量特别是爆发力量，控制身体的加速或减速，再通过速度特别是爆发速度，控制身体移动和变换方向的快慢，最后通过耐力保证持久的运动能力。发展灵敏素质应注意以下几点：

一、练习方法、手段应多样化并经常改变

各种分析器和运动器官机能的改善都与灵敏素质的发展密不可分。在运动中，人体的定向定时能力和动作准确、能迅速变换的能力，取决于各种运动器官功能的机能水平。当某个人的动作技能达到自动化程度时，再使用这个动作来提高灵敏素质已经不太有效了。只有使用多种多样的灵敏素质的训练方法，才能使人学会多种不同的运动技能，还能提高身体各项分析器的功能水平。

二、掌握本专项一定数量的基本动作

运动技能的核心在于条件反射，这种反射是在大脑皮层中建立的。随着我们不断练习，建立的联系越多，我们在应对突发情况时的反应就越迅速准确。有了掌握的运动技能基础，我们能够更快地形成新的应答性动作，从而能应对不同的突发情况。因此，要想提高灵敏素质，就需要多学习和掌握基本动作、基本技巧和战术等方面的知识。在训练中，可以使用各种方法来锻炼身体的其他素质，从而提高灵敏度。此外，还要注重培养人们的动作掌握能力、反应能力和平衡能力等等。

三、抓住发展灵敏素质的最佳时期

灵敏素质通常在中枢神经系统的指挥下，发挥出各种能力的表现。由于儿童、少年的神经系统发育较早，发育速度较快，所以他们在动作速度、反应能力、节

奏感、平衡能力等方面的发展有很大的进步空间，因此，应该重视这一时期对灵敏素质的训练和培养。

四、灵敏素质的练习应有足够的间歇时间

在进行灵敏素质的练习过程中应有足够的间歇时间，以保证氧债的偿还和肌肉中 ATP 能量物质的合成，但休息时间又不可过长，休息时间过长会使中枢神经系统的兴奋性大幅度下降，在下次练习中就会减弱对运动器官的指挥能力，导致动作协调性下降、速度减慢、反应迟钝，这必然影响练习的效果。一般练习时间和休息时间可控制在 1∶3 的比例。

五、应结合专项要求进行训练

灵敏素质的特点是专项化。有丰富经验的教练通常会为特定的灵敏素质的要求制订素质训练，从而使训练成果符合专项要求。比如篮球运动员用手部运动较多，因此就可以专项安排手部的灵敏训练，从而提升篮球运动员的手感与控球能力；再如足球运动员需要用脚完成这一运动，因此，可以安排篮球运动员训练脚步的活动，如脚步移动、用脚控球的练习，等等。

第五节　乒乓球运动柔韧素质训练

一、定义

柔韧性是指人体关节活动幅度以及关节韧带、肌腱、肌肉、皮肤和其他组织的弹性和伸展能力，即关节和关节系统的活动范围。

影响柔韧性即关节活动范围的因素有：关节骨结构，关节周围组织的体积，韧带、肌腱、肌肉和皮肤的伸展性；其中，最后一项对提高柔韧性关系最大。

柔韧不仅决定于结构的改变，也决定于神经对骨骼肌的调节，特别是对抗肌放松、紧张的协调。协调性改善可以保证动作幅度加大。提高柔韧性可采用拉长肌肉、肌腱及韧带等组织的方法，有爆发式（急剧的拉长）和渐进式两种。其中，

渐进式可以放松肌肉，使筋腱缓慢地拉长，不易引起损伤。

二、柔韧练习方法

增强柔韧的方法主要还是靠拉伸，拉伸主要分为主动拉伸和被动拉伸。

（一）主动拉伸

主动拉伸，在主动拉伸里，肌肉是在相反肌肉收缩中进行。例如，一个坐姿，主动拉伸腓肠肌的人，也在胫骨上端收缩肌肉，相反，肌肉收缩产生一个反射，同时也放松被拉伸的肌肉，在低风险损伤的情况下，肌肉被拉伸得更好。唯一的不利是在主动拉伸中，一个人可能会不能产生足够的阻力，增加灵活性用于抵抗肌肉群，最安全有效且方便的是静态主动拉伸。相对于偶尔的被动拉伸而言。例如，将脚压向你身体方向，通过拉伸小腿，同时收缩胫骨上端的肌肉。该方法结合主动拉伸的益处是安全且放松反射。相对于被动拉伸有更大的运动范围。

主动拉伸练习方法：

1. 鹰式分叉

拉伸肌群：腿后肌、臀部内收肌、缝匠肌、竖脊肌、腓肠肌。

动作要点：

（1）坐姿，上体近直立，两腿伸直，双腿尽可能外展分开。

（2）双手抓住右脚尖，轻拉脚尖，并向前压胸。

（3）再向中间，以右手抓右脚尖、左手抓左脚尖，上体向前压。

2. 横叉伸臂侧弯

拉伸肌群：腰方肌、外斜肌。

动作要点：

（1）坐姿，双腿伸直分开，背部平直。

（2）左手臂抬起带动身体尽可能地向右侧弯。

（3）保持姿势至规定时间。

3. 坐姿体前屈

拉伸肌群：竖脊肌、股后肌群。

动作要点：

（1）坐姿，上身近直立，两腿伸直。

（2）往前屈髋，两手抓脚尖。朝上身拉脚尖，并朝腿轻推胸部。假如柔韧度不佳，抓住脚踝练习。

4. 小腿屈坐撑

拉伸肌群：股四头肌、髂腰肌。

动作要点：

（1）坐姿，左腿伸直。

（2）两手臂撑地，右腿屈膝，脚后跟向臀部靠近。

5. 坐撑转体

拉伸肌群：腹内斜肌、腹外斜肌、梨状肌和竖脊肌。

动作要点：

（1）坐姿，左腿伸直，上体直立，置右脚于左膝上。

（2）将左肘靠在弯曲的右膝上。

（3）右掌置于离臀30~40厘米的地方。

（4）左肘推右膝向左，尽力转体，目视后方。

6. 屈膝纵叉

拉伸肌群：臀大肌。

动作要点：

（1）坐姿，身体正直，将右脚放于身体前侧。

（2）左腿向后伸直，身体前倾使臀大肌有拉伸感。

7. 跪撑压肩

拉伸肌群：胸大肌、背阔肌。

动作要点：

（1）跪撑，四肢着地，将髋部向脚后跟移动。

（2）手臂向前伸直，肩关节下压。

8. 坐姿拉肩

拉伸肌群：胸大肌、三角肌、肱二头肌。

动作要求：

（1）坐姿，两腿伸直，两手放于身体后侧。

（2）身体正直，肩部向后伸展，使胸大肌有牵拉感。

9. 仰卧转体拉伸

拉伸肌群：拉伸竖脊肌、臀部肌群。

动作要点：

（1）仰卧交叉分腿转体。

（2）两臂侧平举，双肩着地。

10. 侧压腿

拉伸肌群：大腿内收肌群。

动作要点：

（1）呈直立姿髋站位，双臂屈肘交叉扶肩。

（2）右腿伸直，重心向左移，髋关节下压，至右侧大腿内收肌群有拉伸感。

11. 胸前横臂

拉伸肌群：三角肌后束、肩袖肌群。

动作要点：

（1）直立将左肘微屈（15°～30°），胸前横抬。

（2）顺手抓左肘上部。

（3）右手胸前拉左臂。

12. 肘关节肩上屈

拉伸肌群：肱三头肌与背阔肌。

动作要点：

（1）直立，右肩外展屈肘。

（2）将右手放于左肩胛。

（3）左手抓住右肘。

（4）在头后以左手推右肘，增大肩外展。

13. 屈腕拉伸

拉伸肌群：拉伸前臂伸肌群。

动作要点：

（1）两手交叉握拳，位于身体前侧。

（2）完全伸直手臂，使前臂有拉伸感。

（二）被动拉伸

被动拉伸：在被动拉伸中，有外力或者自己借助器材提供的阻力，协助关节在同伴、重力或者自己的体重下在运动范围里运动。被动拉伸的原则：

（1）注意肌肉起止方法（朝远的方向拉伸）；

（2）注意拉伸过程中施压的力度（缓慢渗透）；

（3）注意各个关节拉伸过程中的特殊角度。

三、发展柔韧素质的注意事项与原则

（1）柔韧素质的发展需要长时间、循序渐进的过程，柔韧素质的训练过程十分枯燥、痛苦，练习者要想有一个较好的柔韧素质，就需要具备坚定不移的意志。需要注意的是，由易到难停止对柔韧性的训练与锻炼，柔韧性就会快速地消失，因此必须坚持不懈地进行练习，以确保已经掌握的柔韧性能不断得到加强和提升。

（2）要发展柔韧性就必须把动力性与静力性练习结合起来，因为两者都有自己的特点与优点。在实际练习中二者需取长补短，互为补充。通过动力性练习，韧带、肌肉能更富有弹性，甚至能更具韧性；而静力性练习则对拉长韧带、肌腱及肌肉十分有效，使之更软。在运动时，由于动作发力不同，对韧带、肌腱和肌肉拉伸效果就不同。通过爆发性的发力测试，可以确定其最大的承受力，但这需要依赖动力性的训练来完成。柔韧性的练习由于其单调和乏味的特点，再加上在拉伸过程中所经历的痛楚，经常导致练习者在训练时没有尽自己最大努力进行练习，而是偷偷降低练习的难度，这样做既不能充分刺激韧带、肌腱和肌肉，同时还会对练习的效果产生不良影响。因此，要想解决主动性练习时强度不够这一问题，就需要采用被动性练习。值得注意的是，在被动性练习时，帮助者需要准确掌握并了解每位练习者的最大训练强度，以便能根据练习者的实际情况，及时调整训练强度，从而达到最佳练习效果。一般初练先做主动性练习，之后才会采取被动性练习。

（3）在训练柔韧性时，需要注意每个人的身体状况与专项特点进行训练，这样做是为了确保练习者不受伤害的前提下，能最大程度地训练人体各个部位的柔韧性，从而提高柔韧性，因此，应根据专项特点，有针对性的训练特定部位的柔韧性。

（4）在柔韧性训练过程中，一定要结合具体部位的练习，才能提高韧带、肌腱及肌肉伸展能力，同时，相关部位的练习有利于增强肌肉力量及弹性，使关节更加灵活。比如做肩部柔韧性训练时，做完拉肩、压肩、搬肩动作之后，可安排肩部绕环、抡臂等几个练习项目；做腿部柔韧性训练时，除拉腿、压腿、搬腿练习之外，还可以安排少量踢腿练习。唯有通过这种方式，我们才能将"柔"与"韧"有机地融合在一起，从而实现两者的和谐发展。

（5）根据解剖学和生理学的理论，我们可以确定少儿时期是柔韧发展的黄金时期，也是柔韧素质发展的关键时期。在这个时期，我们必须充分利用这个机会，以更好地培养和提升柔韧素质。在这个时期，人体正经历着快速的生长，这一时期骨骼有着良好的弹性、生长的速度也快、韧带与肌肉有着较强的伸展性、弹性和可塑性。此时进行柔韧性训练，不仅可以获得良好的训练效果，还能对身体的成长和发展产生正面影响。之后，随着年龄的增加，其柔韧性会随之下降。在人成年之后，人体的各个部位已经发展成熟，在这一时期，提高柔韧性训练会更加难，但这并不意味着不能提高柔韧性了，只是需要花费更多的时间与精力，才能实现。所以柔韧素质应该从小就开始训练，随着身体的自然生长，其作用也会更加明显，并且更容易维持与巩固，不会轻易消失。

第六章 现代乒乓球运动实践科学指导

本章的详细论述了乒乓球运动的营养补充，乒乓球运动的疲劳恢复，乒乓球运动的伤病处理。

第一节 乒乓球运动的营养补充

乒乓球运动中，运动员训练与比赛成绩不仅会受到其技战术能力的影响，而且会受到医务监督情况的影响，如营养补充、疲劳恢复以及运动损伤与疾病的治疗等。本节特从这几方面来进行研究，从而为运动员参与乒乓球运动训练、比赛等实践活动提供科学的指导与安全保障，进而促进其良好训练及比赛成果的获得。

一、乒乓球运动员所需的营养素

营养不是专指某一种养分，其指的是一种全面的生理过程。具体来说，人体通过从外界摄取食物，并经过消化、吸收、代谢和利用食物中身体需要的物质（养分或养料）来维持生命活动的过程就是所谓的营养。这一生理过程中，从外界获取的食物中经过消化、吸收和代谢可以使生命活动得以维持的物质就是营养素。体内的物质代谢过程是生命存在、有机体生长发育、生命活动及各种体力和脑力劳动得以进行的基础与前提，这就要求有机体要通过外界食物来对一定数量的营养素进行不断的摄取。乒乓球运动同样要求运动员从外界不断摄取营养物质来满足自身参与该运动的需要。

目前，已有四十多种人体必需营养素被发现，大致可将这些营养素分为六大类，即水、糖类、脂类、维生素、蛋白质以及矿物质。下面主要从功能及食物来源两方面来对乒乓球运动员必备的这六类营养素进行阐述。

（一）水

人体维持基本生命活动的必要物质中，水是最为重要的一种。乒乓球运动员应保持体内水的相对平衡，要克服饮水中的不良习惯，如不渴不喝水等。体内能量的产生、体温的调节、营养物质的代谢等都需要每日保持充足的水分供应，这是最为基本的条件之一。特别是在高温季节参与乒乓球运动和较长时间地进行运动时，更应注意水的充分补充。

1. 生理功能

（1）人体对营养物质的吸收、运输以及对废物的排泄都要以水为载体。这是因为水的溶解能力很强，水中可以溶解许多物质，而且这些物质被溶解后是通过循环系统而转运的。

（2）水是构成组织、细胞的必需物质，也是维持组织与细胞外形的必需物质。水是人体内各种生理活动和生化反应必不可少的介质，参与机体内代谢过程，一切代谢活动如果没有水将无法进行，生命离开水也难以维持。

（3）唾液、泪液、关节液，以及胸腔和腹腔的浆液对组织间经常发生的摩擦具有润滑的作用，可见水具有一定的润滑功能。

（4）调节体温的功能。水的汽化热很大，1克水汽化要吸收580千克热量。汗液的蒸发可将大量热量散发出去，从而避免了体温过高。

2. 食物来源

直接饮入的液体，食物中含有的水分，体内蛋白质、脂肪和糖经过代谢而产生的水分等都是水的主要来源。

（二）糖类

糖也称"碳水化合物"，这化合物主要由碳、氢、氧三种元素组成，其中氢和氧的比例等同于氢和氧在水分子中的比例。自然界中存在数量最多、分布范围最广的有机化合物就是糖，其几乎存在于所有的生命机体中。糖又可分为三类，即单糖、双糖和多糖，这是根据分子结构的大小以及糖在水中溶解度的不同而进行的分类。

1. 生理功能

（1）糖是构成有机体的重要物质。在细胞膜的糖蛋白、神经组织的糖脂以及脱氧核糖核酸（传递遗传信息的）中，糖是重要的组成成分。糖类存在于所有神经组织和细胞核中。核糖就存在于脱氧核糖核酸（DNA）中，这是生物遗传的物质基础。

（2）糖类在体内最重要的生理功能就是供给能量。人体所需能量最主要、最经济的来源就是糖。它在体内氧化的速度非常快，提供热量也很及时。1克糖可产生的能量为16.7千焦（4千卡）。正因为糖能够提供能量，脑组织、心肌和骨骼肌才能得以活动。肌肉活动最有效的能量来源便是肌肉中的糖原。磷酸葡萄糖和糖原氧化供给能量直接维持了心脏的活动。供给神经系统能量的唯一来源就是血中葡萄糖。血糖降低时，昏迷、休克甚至死亡的现象都有可能发生。

2.糖类的食物来源

谷类、豆类、薯类中都含有丰富的糖。淀糖是糖的主要来源，糖原是它在体内贮存的主要形式。红糖、白糖、砂糖等食糖几乎完全是糖。

（三）脂类

脂肪与类脂总称为脂类，是生物体中非常重要的一种有机物，其化学组成和化学结构的差异很大，不溶于水，但在有机溶剂中可溶解。人们平时常说脂肪，而不说类脂，主要是因为机体对脂肪的需要量以及摄取量比类脂多很多。

1.生理功能

（1）供给能量：人体能量的主要来源中，脂肪为其中之一。脂肪在热源物质中是热量最高的。体内每1克脂肪氧化便有37.6千焦（9千卡）的能量产生，产能数量远远大于碳水化合物与蛋白质。机体吸收脂肪后，一部分被消耗，另一部分则于体内贮存。体脂是人体饥饿时最先被用来供给热能的物质。脂肪的储存量很大，这是葡萄糖和蛋白质无法比拟的。

（2）保持体温、保护脏器：作为热的不良导体，脂肪可以防止体表热的散失。例如，在寒冷环境或水中运动时，皮下脂肪可保护人体温度，从而有利于机体的能量供给和运动能力的保持。而脂肪在内脏器官周边或皮下是重要的隔离层与填充衬垫，所以对保护内脏器官、避免机械摩擦和位移有积极的作用，手掌、足底等部位承受压力的能力也会增强。

（3）促进脂溶性维生素的吸收以及食欲和饱腹感的增加。在脂肪的帮助下，人体也能够有效吸收脂溶性的维生素。脂肪消化得慢，所以胃中脂肪含量高的食物会长时间停留，这就会增强人体的饱腹感，不易饥饿。

2. 食物来源

油料作物种子、植物油及动物性食物是脂肪的主要食物来源。只有动物性食物中含有胆固醇，鱼类的胆固醇一般与瘦肉差不多。

（四）维生素

作为一种重要的活性物质与有机物质，维生素能够保持人体健康，维持人体生命活动。在提供能量以及身体结构的组成方面，维生素都无法起到任何作用，但它可以调节体内化学反应，维持正常的生长发育和生命活动。脂溶性维生素和水溶性维生素是维生素的两大类别。维生素A、维生素D、维生素E和维生素K属于前者；B族维生素和维生素C属于后者。下面就其中几种进行阐述：

（1）维生素A：视觉细胞感光物质视紫质的材料合成中，维生素A是重要的合成成分，维生素A缺乏时会影响人的暗适应能力，光线较暗的地方人的视力就变得模糊，对物体难以看清，夜盲症容易发生。上皮组织结构的完整性需要维生素A来维持。缺乏维生素A时，上皮细胞发生角化，使皮肤粗糙、毛囊角化，细菌容易侵袭干燥的眼睛角膜，溃疡甚至穿孔及失明现象就可能会发生。此外，机体免疫及骨骼发育都离不开维生素A的作用。维生素A的主要来源于动物肝脏、奶油、鱼肝油、禽蛋等食物中。

（2）维生素B_1：在机体内一些重要的生化反应中，维生素B_1作为辅酶发挥作用。短期内维生素B_1缺乏会有下肢乏力、沉重感加强、食欲减退、精神淡漠等症状发生。长期缺乏维生素B_1，典型的脚气病（全身性神经系统代谢紊乱）就会出现。神经症状是干性脚气病的主要症状。水肿是湿性脚气病最显著的症状，这种症状从下肢可蔓延到全身各处。含维生素B_1丰富的食物有动物内脏（心、肝及肾）、瘦肉、豆类及粗加工的粮谷类等。

（3）维生素B_2：能量生成中维生素B_2所起的作用很关键。体内抗氧化防御系统中以及色氨酸转变为烟酸的过程中，都有维生素B_2参与。维生素B_2缺乏时，主要有阴囊病变（瘙痒、湿疹型皮肤病、红斑型皮肤病）及口腔症状（口角糜烂、舌炎、唇炎）等症状发生。维生素B_2在动物性食品，如肝、肾、心、瘦肉、蛋黄及乳类中含量很高，其在绿叶蔬菜及豆类中也大量存在。

（4）维生素C：体内胶原的合成，血管的正常功能的维持，伤口的愈合中，维生素 C 都具有重要作用。维生素 C 具有抗氧化功能，它能促进铁的吸收，对体内亚硝胺的形成进行阻断，所以防癌作用显著。维生素 C 还能促进机体免疫功能的提高。牙龈肿胀出血、皮下出血、伤口不易愈合都是维生素 C 缺乏的典型症状，长期严重缺乏时，受压处瘀斑，皮下、肌肉、关节内大量出血等现象都有可能发生，如果治疗不及时，可因坏血病出现死亡现象。维生素 C 来源于新鲜蔬菜、水果，蔬菜中的菜花、苦瓜、柿子椒和水果中的枣、柑橘、猕猴桃等，维生素 C 含量都很高。

（5）维生素 D：钙和磷的吸收利用中，维生素 D 具有积极的作用，其健骨、健齿功能突出。鱼肝油、强化奶等中的维生素 D 含量很高。由于人体皮下有维生素 D 的前身——7-脱氢胆固醇，当皮肤在阳光下暴露时，这一前身会向具有活性的维生素 D_3 转变。

（6）维生素 E：抗氧化功能明显，因而体内其他营养素被氧化破坏的可能性会降低。全粉谷物制品、植物油、绿叶蔬菜、禽蛋肉奶等都富含维生素 E。

（五）蛋白质

在机体构造、组织修补、热量供给、人体生理功能调节等方面，蛋白质发挥着重要的作用。蛋白质以氨基酸为基本组成单位，组成蛋白质的氨基酸约有 20 种，不同蛋白质中氨基酸的种类、数量和排列顺序都有差异。

1. 生理功能

（1）供给能量：供给能量并不是蛋白质的主要功能，但当糖和脂肪难以供给充足的热量，或摄入过多的蛋白质且超过身体合成蛋白质的需要时，多余的食物蛋白质就会被当作能量来源氧化分解放出热能。此外，陈旧破损的组织和细胞中的蛋白质在正常代谢过程中也会分解释放能量。身体所需能量中，一部分能量也由蛋白质提供。此外，在更新分解代谢中，体内蛋白质也可以释放能量。

（2）构成免疫作用的抗体：有免疫作用的抗体，就是一类球蛋白，在体内可和病原体（抗原）产生免疫反应，从而使机体受细菌和病毒侵害的危险得到避免，机体的抵抗力因而会得到提高。

（3）调节身体功能：酶（体内新陈代谢中起催化作用）、各种激素（调节生长、代谢）以及抗体（有免疫功能）都是由蛋白质构成的。此外，维持体内酸碱平衡和水分的正常分布中，蛋白质发挥的作用也很重要。

2.食物来源

谷类、豆类等植物性食物和蛋、奶、鱼、瘦肉等动物性食物是蛋白质的主要食物来源。动物性食物中富含大量蛋白质，且质量好。植物性食物中，我国以谷类食物为主，我国人民补充蛋白质主要就是从谷类食物中实现的。大豆则含有丰富的蛋白质，且质量也很高。蛋白质在蔬菜水果中的含量一般较少。

（六）矿物质

人体组织中除碳、氢、氧、氮等主要元素以有机化合物的形式出现外，其余各种元素统称为矿物质（无机盐）。人体的健康与无机盐关系密切，对于青少年而言更是如此，青少年骨骼快速发育，肌肉组织细胞数目不断增加，所以对无机盐的需求也会不断增长。下面对常见的几种矿物质元素进行阐述：

（1）碘：体内合成甲状腺激素中会用到碘，人体从食物中所摄取的碘，主要为甲状腺所利用。青少年因为身体发育快，甲状腺机能在不断加强，所以对碘有更多的需求。海带、海白菜、紫菜、海鱼、虾、蟹、贝类等食物含碘量较高。

（2）钙：促进骨骼和牙齿的生长发育、维护正常的组织兴奋性，特别是神经肌肉的兴奋性是钙的主要营养价值表现。此外，钙的生理调节功能也很突出。补钙的食物主要有虾皮、鸭蛋、鸡蛋、绿叶菜、奶和奶制品等。

（3）铁：铁是构成血红蛋白的重要成分，女性月经期间需要补充大量的铁元素。缺铁情况下，机体中血红蛋白含量会减少，缺铁性贫血现象就会出现，乏力、头晕、面色苍白、眼花、免疫功能降低等是主要症状。大量出汗会流失大量的铁，因此在夏季进行乒乓球运动训练时，运动员要注意多补充铁。补充时，应以动物性食物为主，因为该类食物中的铁吸收好，利用率高。动物肝脏、动物全血、肉类、鱼类等食物含铁较多。木耳、海带、菠菜、韭菜等也含有较多的铁元素。

二、乒乓球运动中的营养消耗

（一）水的消耗

乒乓球运动中，运动员机体内水的消耗主要是通过出汗体现的。长时间参与乒乓球运动会导致机体排出大量的汗。另外，运动员的出汗量与气温、热辐射强度、气压、温度、单位时间运动量及饮食中的含盐量等因素有密切的关系。

（二）糖的消耗

乒乓球运动中，糖类是热能的一个重要来源，其在人体日常活动以及乒乓球运动中的利用程度对运动员的耐久力水平具有直接的决定作用。如果利用程度高，运动员可顺利完成规定的运动强度，获得预期的运动效果。糖类消化起来很容易，不会消耗大量的氧，体内糖类代谢的主要产物以水和二氧化碳为主，乒乓球运动过程中这些产物随时会被排出，如果补充不及时，就会造成出现供需脱节的现象。如果运动员在没有及时补充的情况下继续进行训练，只能利用体内贮备的糖原来满足机体对糖类的需要，从而使体内糖原枯竭，给运动员的生命造成严重威胁。

（三）脂肪的消耗

乒乓球运动过程中机体所需热能的主要来源之一就是脂肪。运动员在乒乓球运动过程中对脂肪的利用程度会有显著的提高，特别是在寒冷的条件下进行训练时，运动员体内会消耗大量的脂肪。

（四）维生素的消耗

乒乓球运动员在训练过程中体内物质代谢的过程会加快，因而对维生素会有大量的需求。运动员的运动量、机能状态和营养水平等都会影响其对维生素的需要量。长时间进行乒乓球训练会导致维生素缺乏症提前发生或症状加重，运动员缺乏维生素时，耐受力就会降低，因此在训练过程中要特别重视对维生素的补充。

（五）蛋白质的消耗

运动员在进行乒乓球训练的过程中，器官肥大，酶活性提高，激素调节活跃，因而体内蛋白质的分解和合成代谢会增加，同时消耗的蛋白质也会增加。因为蛋白质食物的特别动力作用强，蛋白过多能使得机体的代谢率提高，从而水分的需要量也会增加。因此，乒乓球运动员在训练中不宜补充大量的蛋白质。

（六）矿物质的消耗

运动过程中，体内矿物质和微量元素的代谢发生变化的可能性都存在。运动量大时，尿中钾、磷和氯化钠排出量会减少，但会增加钙的排出量。如果运动员适应了本次训练的运动负荷，那么就会降低体内矿物质的变动。

三、乒乓球运动中的营养补充

(一) 营养补充原则

乒乓球运动员每天大约会消耗 3000～6000 千卡的热量，因此，对于运动员而言，补充营养很有必要。参与乒乓球运动会使人体能量消耗的增加，因此运动员要全面合理地进行营养补充，这样才能继续在训练与比赛中发挥自身的实力。

乒乓球运动员的营养补充需要遵循如下几项原则：

（1）注意对体内需求量高的营养素进行补充，如蛋白质、碳水化合物、维生素、矿物质等。

（2）乒乓球运动员补充营养素要注意比例问题，一般来说，补充碳水化合物、蛋白质、脂肪时，按照 4∶1∶1 的比例比较适合。根据运动强度与训练内容的不同，可适当调整这个比例。

（3）长时间参加乒乓球运动训练，注意多补充水分和能量物质。

（4）饮水和进食时间要合理安排好。

（5）补充对提高抗过氧化物和增强免疫力有效的营养品。

（6）运动后对于能够促进恢复的营养品应及时补充。

(二) 营养补充方法

1. 水的补充

（1）运动前补水

乒乓球运动员在参加训练活动前，需补充含一定电解质和糖的饮料，应根据具体情况来决定补充量。一般在运动前 2 小时饮用含电解质和糖的运动饮料的量为 400～600 毫升。注意补充时要少量多次，每次补充饮料量以 100～200 毫升为宜。短时间内大量饮水可能会造成恶心和排尿现象，这会影响训练或比赛效果。

（2）运动中补水

乒乓球运动训练中，运动员大量出汗，为预防脱水，在运动中补液非常必要。运动中补液以少量多次为基本准则，每隔 15～20 分钟补充 150～300 毫升含糖和电解质的运动饮料较为适宜。每小时补液的总量要控制在 800 毫升之内。

（3）运动后补水

运动后补水也就是所谓的"复水"。乒乓球运动训练中，运动员补充的液体量往往比体内消耗的水分少，所以要注意在运动后及时补液。暴饮是运动后补液的最大忌讳，含有糖和电解质的运动饮料仍是运动后补液的首选。液体中钠含量也会影响补液量。如果液体中钠浓度高，运动员在补充后就不会大量排尿。钠离子在体内能留住水分，可以帮助体液的恢复，因此对于钠浓度高的饮料，可适当减少补充量。运动后补充含糖和电解质的饮料时，注意含糖量以5%～10%为宜，钠盐含量以30～40毫摩尔/升为宜。

2. 糖的补充

乒乓球运动员在训练过程中应以运动需要和机体状态为依据来合理补糖。具体方法如下：

（1）运动前补糖

参与乒乓球运动训练前几天可增加对糖类食物的补充，运动前1～4小时内每千克体重适宜补充1～5克的糖。运动前30～90分钟内尽量避免补糖，否则运动中会引起血中胰岛素升高的现象发生。

（2）运动中补糖

乒乓球运动员在训练过程中每隔20分钟左右需补充含糖饮料或好吸收的含糖类食物，每小时的补糖量控制在20～60克，少量多次是运动员补充含糖饮料的首要原则。

（3）运动后补糖

运动后6小时以内，肌肉中糖原合成酶活性高，可有效地促进糖原的合成，因此在长时间的训练后，乒乓球运动员补糖的时间越早就越能取得良好的效果。运动后即刻补糖、运动后2小时内补糖、每隔1～2小时连续补糖都是合理的补糖方法。运动后每千克体重适宜的补糖量为0.75～1.0克。

3. 维生素的补充

长时间的乒乓球训练后，水溶性维生素就会通过排汗、排尿大量丢失，维生素C的排泄量很大。此外，训练过程中线粒体的数量会增多体积会增大，酶和功能蛋白质数量会增多，参与这些物质更新的维生素的需要量也在不断增加。乒乓球运动员长时间进行训练，机体能量消耗大量增加，物质能量代谢过程则会加速，同时各组织的更新也会加快，因为会增加维生素的消耗，对此，乒乓球运动员要对维生素进行及时且充分的补充。

乒乓球运动员对各种维生素元素的补充应结合具体的运动强度、运动时间等来有针对性地安排。不同维生素的补充方法具体如下：

（1）维生素 A 的补充

作为眼视网膜中视紫质的原料之一，维生素 A 能够防止角膜上皮角质化。因此，乒乓球运动员为了在训练中准确判断来球路线，需对维生素 A 进行充分的补充。

（2）维生素 B_1 的补充

维生素 B_1 是糖代谢中丙酮酸等氧化脱羧所必需的辅酶的组成成分，并密切关系着神经递质乙酰胆碱的合成与分解。维生素 B_1 如果缺乏，运动后的丙酮酸及乳酸堆积，机体就容易疲劳，乳酸脱氢酶活力会因此而减低，心脏和骨骼肌的功能就会受到影响，因此，乒乓球运动员要注意在训练过程中及时补充维生素 B_1。

（3）维生素 B_2 的补充

体内多种呼吸酶的构成辅酶中，维生素 B_2 是重要的成分，体内的氧化还原反应和细胞呼吸都与维生素 B_2 有关。如果乒乓球运动员缺乏维生素 B_2，肌肉会变得无力，耐久力会下降，疲劳短时间就会出现，所以要注意及时补充维生素 B_2。

（4）维生素 B_{12} 的补充

维生素 B_{12} 是一组合钴的钴胺素生理活性物质，参与同型半胱氨酸甲基化转变为蛋氨酸和甲基丙氨酸——琥珀酸异构化过程。在细胞的核酸代谢中，维生素 B_{12} 参与其中，而且机体的造血过程也与维生素 B_{12} 有关。当乒乓球运动员缺乏维生素 B_{12} 时，血红蛋白浓度下降、细胞的平均容量增加，巨幼红细胞贫血现象就有可能出现，因而氧的运输能力就会下降，最大有氧能力和亚极量运动能力都会受到影响，还有可能引起神经系统损害。对此，乒乓球运动员要注意多补充维生素 B_{12}。

（5）维生素 C 的补充

乒乓球运动员在参与训练的过程中，机体的维生素 C 代谢不断加强，运动后血液维生素 C 的含量短时间内就有升高的迹象，但长时间运动后血液维生素 C 的含量会下降。在不同运动负荷的训练中，不论血中维生素量如何变化，组织维生素 C 都会有减少的迹象。当运动中机体内维生素 C 含量不足时，白细胞的吞噬功能就会受到影响。乒乓球运动员长时间参与运动训练，血液维生素 C 的含量和白细胞吞噬功能都会有所下降。因此，为了保持耐力、避免疲劳的出现，乒乓球运动员应注意合理补充维生素 C。

（6）维生素 E 的补充

维生素 E 具有抗氧化作用，有促进蛋白质的合成和防止肌肉萎缩等生物学作用，可促进运动员力量素质的提高，因此乒乓球运动员在运动前和运动过程中应注意对维生素 E 的补充。

4. 蛋白质的补充

乒乓球运动员每日每千克体重的蛋白质需要量是 1.0~1.8 克/千克。随着运动员运动水平的提高，机体对蛋白质的需要量就会进一步增加。在连续数天参与大负荷的乒乓球训练时，运动员每日每千克体重补充蛋白质的量也适当增加，如果身体仍出现负氮平衡现象，说明体内蛋白质的分解要比补充的量多。为了使身体保持正氮平衡状态，运动员要根据具体情况适当增加蛋白质的补充量。长时间参与乒乓球运动训练的运动员应选择优质蛋白的食物以满足机体对蛋白质的需要。

5. 矿物质的补充

（1）铜的补充

铜是超氧化物歧化酶（SOD）等金属酶的辅助因子，多种代谢反应都离不开铜的参与。乒乓球运动中运动员补充铜可提高机体内铁的运输，防止运动性贫血现象的发生。

（2）钾的补充

一般成人体内有 117 克左右的钾。正常情况下，细胞内液中储存了大部分的钾，细胞外液中储存的钾只占到 2%。当血钾浓度降低时，脑垂体生长素输出下降，肌肉生长就会随之而减慢。乒乓球运动训练过程中补钾可使体内的生长素水平迅速恢复。

（3）铁的补充

正常成人体内含铁量一般为 3.5~4.0 克。乒乓球运动员参加长时间的运动训练时，铁丢失严重，机体对铁的需求量不断增加，再加上补充量不足，因而铁营养状况不良现象普遍存在。因此，运动员在膳食安排中应加强补充铁营养。

（4）锌的补充

乒乓球运动员的运动能力与锌有着非常密切的关系，锌也是多种酶的组成成分和激活剂，能对体内各种代谢进行调节。人体中红细胞的含锌量约为血浆的10倍，碳酸酐酶和其他含锌金属酶类是锌元素在人体内的主要存在形式。另外，锌还可以对睾酮的产生和运输产生影响。鉴于锌的重要性，乒乓球运动员要注意在运动训练过程中对该矿物质元素的补充。

（5）硒的补充

硒与乒乓球运动员运动能力之间的关系也很密切。硒是谷胱甘肽过氧化物酶的辅助因子，具有消除过氧化物，增强维生素E的抗氧化能力等作用，在进行长时间大负荷的乒乓球训练时，运动员摄入硒的总量应较平时有所增加，每天补充200微克比较合理。

第二节 乒乓球运动的疲劳恢复

乒乓球运动是一项体力消耗较大的运动，运动后进行适当的疲劳恢复是非常重要的。所谓疲劳恢复，是指人体在经历疲劳后，通过休息和各种恢复方法，使身体和心理重新恢复到最佳状态的过程。

一、运动疲劳的概念

遗传、科学训练、生理、心理、健康、生物力学以及营养等因素都会决定人的运动能力。在运动过程中，人体经历一次性强力负荷或持续运动负荷后，靠应力集中的关节、骨骼、韧带等运动器官和与之有密切关系的脏器的调节功能下降、能量不足等所引起的运动负荷器官功能下降、感觉不适、能量缺乏和代谢产物堆积等一系列现象（以生理性、功能性的变化为特点），这些现象称为疲劳。[①]

人体在运动过程中，随着运动时间的延长，运动能力逐渐下降，主观上也会出现疲劳感，这种由运动引起的疲劳称为运动性疲劳。运动疲劳是运动训练中的一种常见现象。

---

① 项正兴. 小球运动[M]. 长沙：湖南师范大学出版社，2007.

二、疲劳程度的评定

运动训练中疲劳程度的评定方法具体如表 6-2-1 所示。

表 6-2-1　运动训练中疲劳程度的评定方法

疲劳程度＼表现	轻度疲劳	中度疲劳	重度疲劳
自我感觉	无任何不舒服	疲乏、腿痛、心悸	除疲乏、腿痛和心悸外，尚有头痛、恶心（甚至呕吐）等征象
面色	稍红	相当红	十分红或者苍白，有时呈紫色
排汗量	不多	甚多，特别是肩带部分	非常多，尤其是整个躯干部分
呼吸	中等加快	显著加快	显著加快，并且表浅
动作	步态轻稳	步伐摇摆不稳	摇摆现象显著，行进掉队，出现不协调动作

三、乒乓球运动中疲劳恢复的途径与方法

（一）恢复途径

乒乓球运动员参与长时间、大强度的训练难免会出现疲劳现象。乒乓球运动中疲劳恢复的途径主要有以下几种方法：

1. 肌肉放松

乒乓球运动员通过洗浴、整理活动、按摩、理疗、睡眠等途径可以放松肌肉，对肌肉的血液循环进行改善，促进机体新陈代谢，从而达到消除疲劳的目的。

2. 补充营养

乒乓球运动员对运动中机体所消耗的物质及时进行补充，可以达到疲劳的消除效果。

3. 心理调节

心理调节对于乒乓球运动员而言，是一种非常积极有效的解除疲劳的途径。

由于人的身心是一个统一体,二者密切联系,因此保持情绪的积极向上、乐观愉快可以使疲劳快速消除,从而大幅缩短疲劳的过程。所以,当乒乓球运动员在训练后感到疲劳时,可通过心理调节来保持情绪的积极状态,从而促进疲劳恢复。

(二)恢复方法

1. 自我调节法

在心理疗法中,自我调节法是一种非常有效的疲劳恢复手段。乒乓球运动员采取这一手段来消除疲劳时,应注意以下几点:

首先,全面提高自身的素质,文化素质的提高尤为重要,运动员要时刻保持良好的心态(宽容、大度、积极),从而促进心理的平衡和心情的放松与舒畅,这样能够延缓运动中疲劳发生的时间。

其次,训练后要注意休息。休息并不是要求运动员只简单地睡觉而完全不活动,这里的休息指的是散步、放松游泳、下棋等可以有效调节精神和肌体的活动,通过这些活动来彻底放松身心。

最后,运动员要维持有规律的日常生活,对训练与生活时间进行合理安排,有张有弛,劳逸结合,对待任何事物都不可凭一时冲动来进行。

2. 身心放松法

特定的身心放松方法能够使运动员紧张和焦虑的意识减弱,从而促进其抗疲劳能力的提高。乒乓球运动员采用身心放松法来消除疲劳时,应按照以下步骤进行:

(1)对空气清新、幽静的环境进行选择。

(2)将心中杂念暂时有意识地放下或忘记。

(3)选择站、坐、躺等自我感觉舒适的姿势。

(4)活动大关节与肌肉,活动姿势不需要规范或固定,但要维持均匀、缓慢的速度,直至完全放开关节,肌肉完全放松即可。

(5)保持自然、流畅的呼吸,意识尽可能不支配呼吸,在安逸自得中忘掉呼吸的境界。

(6)放松意识,注意力保持集中,把意念归于某一对象或有意识地注意放松到整个身体,从而达到一种清静的清醒状态。对美好的事情进行想象,从而达到忘我的境界，这是对身心平衡进行调节、消除疲劳的重点。

3.音乐疗法

音乐与人的生活有密切的关系，它可以通过心理作用对人的情绪产生影响，陶冶性情，从而实现疲劳消除和精神振奋的效果。优美动听的音乐可以使人保持舒畅的心情，使人从中得到美的享受，保持情绪的松弛。轻缓抒情的音乐对于疲劳的消除十分有效。

第三节 乒乓球运动的伤病处理

一、乒乓球运动的损伤处理

（一）运动损伤概述

1.损伤及运动损伤的概念

受外界不同因素的影响而造成的来的人体皮肉、筋骨、脏腑等组织的破坏，以及由此而造成的局部和全身的后果就是所谓的损伤，损伤较轻，则会对日常工作和生活造成影响，损伤严重，则会危及生命安全。体育运动过程中所发生的各种损伤即为运动损伤。

2.运动损伤的分类

（1）按运动损伤的组织结构分类

①骨骼损伤

肩关节、肘关节脱位是常见的骨骼损伤，乒乓球运动员这种损伤出现的概率较小。

②软组织损伤

肌腱扭伤、肌肉拉伤、断裂伤等是常见的软组织损伤，在乒乓球运动中比较常见。

③关节与韧带损伤

关节与韧带损伤有急性和慢性之分，乒乓球运动中比较常见的是膝、踝损伤，肱骨外上髁炎等慢性关节与韧带损伤。

（2）按损伤程度分类

①轻度损伤

轻度损伤中常见的是扭伤，运动员发生轻度损伤后仍有活动能力，可以继续参加训练。

②中度损伤

肌肉、肌腱拉伤等是常见的中度损伤，运动员在受伤后短时间内（1~2个月）不能按计划参加锻炼，需要接受治疗，患部练习或患部活动应暂时停止或减少。

③重度损伤

各部位的骨折、关节脱位、肌腱完全断裂等属于重度损伤，运动员发生重度损伤后较长一段时间内不能参加训练和比赛活动。

（3）按损伤病程分类

①慢性损伤

劳损和肌肉损伤属于慢性损伤。慢性损伤在乒乓球运动中较为常见。组织变性、增生、粘连是慢性损伤的主要病理变化，而且没有明显的体征表现，这类损伤具有反复发生与多变的特点。慢性损伤发生的原因一般为以下两点：

第一，伤后没有及时进行治疗，处理急性损伤的方法不当，伤病未愈。

第二，没有合理安排准备活动，局部练习过度或局部负担量过大，伤病逐渐积累而形成慢性损伤。

②急性损伤

一次性或一瞬间的直接或间接暴力所致的损伤就是所谓的急性损伤。腕关节扭伤，膝踝韧带的扭伤、断裂，肩部、腰部肌肉的拉伤等属于急性损伤。这类损伤发病急，一般在受伤的时刻或短时间内表现出来，渗出、肿胀是主要的病理变化，该类损伤有比较明显的体征表现。伤者一般可以将受伤过程与原因清楚地说明。

（二）乒乓球运动中损伤产生的原因

1. 准备活动不适当

（1）准备活动不充分

由于乒乓球运动员没有做好充分的准备活动，因此没有充分调动起神经系统和内脏器官，导致微循环状态不良，肌肉伸缩能力较差，不能很好地发挥力量，也难以保持动作的协调，这就很容易出现受伤。

（2）准备活动内容不当

准备活动内容不当，或与乒乓球训练的基本内容没有紧密的结合，或专项准备活动较为缺乏等都是引起损伤的主要原因。没有合理安排准备活动的内容，因而运动中负担较重部位的机能得到过渡的发挥，所以容易受伤。

（3）准备活动时间不当

准备活动时间与正式训练或比赛之间隔的时间过长也容易引起运动损伤。如果提前很长时间做好准备活动，待正式训练或比赛时，准备活动的作用已失效。

（4）准备活动量过大

准备活动中运动量过大也容易产生疲劳，当正式进行训练时，身体机能难以保持良好状态，而且会下降，造成动作失误，因而引起损伤现象。

2. 身体机能不佳，竞技状态不良

运动员经过过度练习后，还未完全消除疲劳或伤病后就过早参加训练与比赛，这时其生理机能水平较低，动作的协调性不良，注意力难以集中，机体反应较慢或心情处于紧张状态，在这些原因的影响下会导致旧伤加重、新伤产生。

3. 违背训练原则

乒乓球运动员参与训练应严格遵守训练原则，有节奏且系统地进行训练。如果违背循序渐进训练原则与系统训练原则，急于求成，一味追求难度动作，动作容易出现错误，因而可能造成损伤。尤其是在疲劳或有伤病的情况下过早进行训练与比赛，会使疲劳与伤病进一步加重。

4. 训练内容不全面或技术水平有限

乒乓球运动员的训练实践活动一般包括身体练习、技术练习和战术练习。如果这些练习内容的安排不全面，很容易发生外伤或使外伤加重。运动员身体素质差、技术练习少、动作不规范、不熟练或有错误等也是引起运动损伤的主要原因。

（三）乒乓球运动中常见损伤的治疗原则

软组织的损伤是乒乓球运动中常见的运动损伤，按损伤不同的病理过程进行处理是这类损伤的基本治疗原则。准确的诊断为合适的治疗方案提供了科学依据。在刚发生损伤时，受伤部位还没有完全肿胀，患者也不会感到疼痛，这是因为受伤部位的反射性肌肉的放松和感觉神经的传导中断，在这种情况下，进行检查会相对简单。如果受伤部位有明显的肿胀、疼痛加剧或肌肉抽搐等症状，那么很难进行准确的诊断。因此,在运动损伤发生的情况下,必须立即进行检查以确保诊断的准确性。根据上述损伤病理的演变,乒乓球运动软组织损伤的治疗大致可以被分为三个阶段:早期、中期和后期。

1. 早期

发生损伤后的两天之内,是急性炎症期,主要症状有组织出血,局部红肿、热痛,功能障碍等。制动、止血、防肿、镇痛和减轻炎症是这一时期的处理原则。根据具体情况可选用下述一种或几种方法进行治疗。

(1)按摩

较轻的按摩对于治疗轻伤很有效,按摩如果能配合一些舒筋活血药物,则效果更佳。如果是重伤,不宜在损伤后即刻就进行按摩,否则会使伤处出血和组织液渗出的现象更加严重,从而加重肿胀程度,甚至会造成继发性出血。但在远离伤部的上下部位或伤部周围进行按摩(推摩、点穴、揉捏等手法),可消退肿胀、减轻疼痛。

(2)冷敷、包扎

采取冷敷、包扎方法进行治疗的时间越早越好,能够起到明显的制动、止血、防肿、镇痛等效果。通常先在伤处进行冷敷,然后再加压包扎,包扎后对包扎部位的情况要时刻注意,适度调整包扎的松紧度。24小时后才可以拆除加压包扎,再根据实际情况进行进一步的治疗。

(3)药物

用一些创伤药来外敷伤口,能够起到消肿止痛、减轻急性炎症的作用。

2. 中期

在受伤两天后,伤口处几乎停止出血,伤者的炎症也会逐渐消失,但仍会存在肿胀、淤血等症状,这一时期,肉芽组织开始形成,组织也开始进入修复阶段。中期应对损伤的主要策略为优化损伤处淋巴及血液循环、加快促进组织新陈代谢、保证淤血及渗出液能被快速吸收,从而加快组织再生与修复、避免形成粘连。中期使用热敷、按摩、拔罐以及药物治疗都是可行的治疗手段,但治疗效果更为明显的手段是红外线与超声波物理疗法的结合。另外,应该根据受伤部位的具体情况,逐步安排功能性的锻炼,这样才能有效地避免产生粘连。此外,还可以选择外用活血生新剂或者注入肾上腺皮质激素药物进行药物治疗。

3. 后期

运动损伤晚期，尽管肿胀、压痛等局部症状已基本消除，但是损伤处功能仍未完全恢复，因此在运动时仍会有酸痛、无力等感觉。这一阶段以加强和恢复肌肉及关节功能为主要治疗策略。按摩、理疗及功能锻炼等是主要治疗方法，若配合药物治疗则疗效更明显。用药时可选用外用旧伤药或用某些洗药进行熏洗治疗。

要注意的是，以上三个时期的治疗仅适用于软组织受伤较严重的损伤。若损伤较轻，就可以采用中后期两阶段进行治疗，同时还要配合活血生新与功能恢复一起进行处理。

（四）乒乓球运动中常见损伤的处理

1. 三角纤维软骨盘损伤

（1）病因

在乒乓球运动中，由慢性损伤或劳损而造成的腕部三角纤维软骨盘损伤经常发生。导致这种伤害的主要因素通常是前臂和腕部的反复旋转，加上过大的负荷量、长时间的碾磨，或者牵扯到软骨盘和桡尺远侧关节承受的过度剪力作用。缺乏充分的准备活动，握拍或推挡技巧的不精确性，以及指腕关节的柔韧性不足，都是造成损伤发生的关键因素。在乒乓球比赛中，握拍手的腕部在完成各种推挡球的技巧动作时，经常需要处于某种机械状态，这可能会导致三角纤维软骨和桡尺远侧关节受到伤害。

（2）症状与诊断

损伤后病人腕关节桡尺侧或者腕关节内侧有疼痛感，腕关节乏力，尤其当前臂或者腕关节转动时疼痛加剧。检查中发现腕部肿胀明显，主要压痛点就在桡尺远侧关节背侧间隙部和尺骨茎突远方关节间隙部。当腕关节背伸入尺侧倾斜压迫时会有疼痛感。部分伤者桡尺远侧关节发生松脱、半错位或全部错位时，其尺骨小头在腕背部位明显突出。在推压这一关节时会发现其活动范围在增大，而按下它们却能恢复正常。相反，若没有按下去，尺骨的小头就又凸起了，握力能力也随之下降。

（3）处理与恢复练习

新的损伤应当迅速处理，而腕部的活动应当立即暂停，并对其进行控制。对于消肿止痛的中药制剂，可以将其外用到疼痛的地方，或者注入肾上腺皮质激素类药物。同时，根据实际情况进行固定，将前臂保持在中立位置，限制腕部和前臂的活动，通常可以获得良好的治疗效果。如果患者的尺骨小头向背侧凸出，那么需要使用压垫加压来对其进行全扎固定。

伤后康复训练中，需特别指出：对急性伤者，其腕部活动要暂时停止，不做腕部旋转动作，只有损伤组织得到修复，完全愈合后，才能开始活动手腕。一般损伤组织需修复 3—4 个星期。做腕关节屈、伸、支撑动作时如无痛感，可适当加大腕、前臂旋转动作的训练，须注意戴保护支持带。康复训练期间，慢性伤病患者也需配戴保护带以限制其腕关节背伸、旋转等动作，以免受伤。

（4）预防

对腕部的局部负荷进行合理安排，前臂与手腕的力量和柔韧练习要不断加强，佩戴护腕，局部的准备活动要做充分，对握拍和推挡球技术进行改进。

2. 肩袖损伤

（1）病因

有些运动员在遭受一次急性损伤后导致肩袖受损，但由于没有得到及时、合适和全面的医疗干预，这种伤害仍然持续，最终导致慢性损伤的形成；部分运动员之所以没有明显的外伤，主要是因为他们局部承受了过大的负荷，经历了多次反复的磨研或牵扯到肩袖肌腱，这导致了他们的微小损伤逐渐发生劳损和退行性变，最终导致肩袖受损。此外，缺乏充分的准备活动、技术动作的错误和不规范、肩部肌肉力量不足以及肩关节柔韧性水平较低，都可能导致肩袖部位的损伤。

（2）症状与诊断

①肩痛：肩痛症状多表现为肩外侧痛，肩关节外展或同时伴有内外旋时一般会有疼痛感。

②痛弧：以 10°～120° 的弧度向外展肩关节，会出现疼痛，弧度超越 120°，疼痛感会消失。肩部放下到小于 120° 的位置时，又会感到疼痛。

③肿胀：急性患者出现局部肿胀症状。

④压痛：肩峰下肱骨大结节处有压痛。

⑤外展和外旋抗阻力试验：呈阳性。

（3）处理与恢复练习

如果是急性伤者，应将上臂外展 30°，在这个位置下固定上臂，使其得到休息。如果运动员出现急性损伤或慢性损伤急性发作，需要适当的休息，肩部超范围的急剧转动活动与专项技术练习都应该暂停。等度过急性期后，肩关节开始进行绕环与旋转活动。

在伤后训练过程中，应该先进行上肢下垂放松位的练习，然后进行肩的抬举角度逐渐增加的练习，肩部基本没有疼痛感后，负重练习和专门练习也可逐步进行。对于慢性病患者而言，肩部的各方位活动都可做，但需要注意对于可能引起疼痛或使损伤加重的动作要避免做。在过渡到专项练习时，先以难度和强度较低的动作为主进行练习，或转变练习方法，对专项练习中局部的负荷量严格加以控制。另外，在伤后的训练与康复过程中，要注意肩带小肌肉群的力量素质和柔韧性训练的不断加强，上肢外展80°～90°的屈轴静力负重练习是这一训练过程中经常采取的手段。

（4）预防

准备活动要做充分；肩部肌肉力量和肩关节柔韧性的训练要不断加强，对肩部小肌肉群的练习要特别重视；对局部负担量进行合理安排等。为促进肩部肌力的增加，上肢外展80°～90°的屈肘负重静力练习是较为有效的练习手段。因人来调节训练负荷重量，一般从小到大逐渐增加。

3. 髌骨劳损

髌骨劳损是膝关节部最为常见的损伤之一，乒乓球运动员在运动训练中发生膝关节损伤，大部分都是髌骨劳损，此伤会严重影响运动员的健康与训练。

（1）病因

一次性的膝部损伤，如受到猛烈撞击（摔倒、膝跪地等）或膝关节扭伤等可引起髌骨劳损。除此之外，因膝关节在半蹲位状态下活动过多、负荷过大，而使髌骨关节软骨面受到超量负荷、反复摩擦、细微损伤而导致的髌骨劳损最为常见。训练不合理，膝关节半蹲位姿势的训练过多或过于集中，伤病康复后突然进行大负荷的膝关节活动或专项练习等是导致膝关节损伤的主要原因。另外，准备活动不到位，膝关节附近的肌肉力量弱小，日常生活中对保护膝关节不重视等，更容易导致此类损伤发生。

（2）症状与诊断

膝关节无力、发软、疼痛是髌骨劳损的主要症状，检查时髌骨边缘指压痛，髌骨压迫痛，伸膝抗阻痛，有些髌骨劳损患者可能在髌骨摩擦试验中呈阳性。

（3）处理与恢复练习

首先对练治结合的康复措施进行采用。物理疗法、外敷中草药、按摩与针灸（下肢和膝关节周围）是常用的治疗手段。如果有必要，可将肾上腺皮质激素类药物注射在关节腔内或痛点处，但应慎重注射。

乒乓球运动员一旦发生髌骨劳损后，就以具体伤情为依据来对伤后练习进行合理安排，治练结合是最重要的练习方针。具体方法如下：

如果是轻伤，有膝无力、酸痛等症状，可进行一定强度的膝功能训练，对负荷较大的膝关节专项练习应进行适量的调整。

如果是中等伤，有半蹲时感觉疼，活动开后疼痛减轻，练习后疼痛加重，休息后疼痛又减轻的症状特征，面对这种情况，在避免髌骨损伤加重的前提下，进行静蹲、跳绳等中等强度的膝部功能锻炼。对于膝关节负荷较大的练习尽量不要做。训练要与积极治疗相结合进行。

如果是重伤，有活动时膝痛明显，甚至走路都痛的症状，对此，膝部专项练习应完全停止。此时应将积极治疗与膝关节功能锻炼结合起来进行处理，如进行静力半蹲或"站桩"练习，练习时间长短根据伤情来定，练习时间与负荷随着伤情变化而变化，练习最后需进行放松整理活动。

（4）预防

①充分做好膝关节的准备活动。

②多样化地安排练习内容，避免膝关节过度疲劳。

③训练结束后充分放松，进行自我按摩，加强自我保护。

④多锻炼膝关节周围的肌肉。

4.踝关节损伤

（1）病因

当乒乓球运动员在训练中需不停地左右跨步移动，脚着地时，身体重心不稳或不平衡，足的前外侧总是先着地，因此足在跖屈内翻位扭伤外侧副韧带最常见。

（2）症状与诊断

如果乒乓球运动员之前有过踝关节急性扭伤的经历，那么在再次受伤的情况下，可能会疼痛加剧，并且也会严重影响走路。如果伤情不重，足部没有明显的变形；但伤势过重，则足部会出现明显的内翻畸形。通常需要12小时后才会出现皮下淤血的症状。损伤部位有压痛点，如果内翻踝关节，会加重疼痛。如果踝关节的运动出现异常，可能意味着韧带已经断裂。

（3）处理与恢复练习

在受伤后，应立即对受伤部位进行冷敷，之后用新伤药外敷在受伤部位，并用绷带进行固定，需要注意一点，在包扎过程中，要注意绷带的方向，同时受伤部位的包扎不易过紧。在完成上述操作后，注意患者与受伤部位的休息。伤后24小时后，可采用物理手段进行治疗，配合针灸、按摩效果更佳。注意不可用重手法进行按摩，以免刺激伤处。

对于简单的踝关节扭伤，只要没有明显的急性症状，就可以在受伤部位固定好保护带，不影响行走。在两周之后，进行专门训练，以便序进肌肉力量和提高协调性，如可以做踝关节抗阻力活动训练，在松软的地方进行慢跑、跳动作练习。如果患者踝关节松动不稳，要特别注意锻炼踝和足部的肌肉力量，并对踝部的训练量进行控制。

（4）预防

①要充分做好局部准备活动。

②加强锻炼小腿与足部肌肉。

③训练过程中注意对踝关节的加固。

二、乒乓球运动的疾病处理

（一）运动性疾病概述

1.运动性疾病的概念

运动性疾病指的是由于健身运动、运动训练或比赛安排不当而造成人体内环境紊乱的一类疾病或综合征。晕厥、运动性胃肠道综合征、运动性贫血、运动性血尿、肌肉痉挛、运动中腹痛、运动性哮喘、运动性低血糖症等都是乒乓球运动训练中常见的运动性疾病。

2.运动性疾病的特点

（1）以运动过量为主要致病因素。

（2）随运动量增大，病情逐渐加重，症状表现与常见的内科疾病类似。

（3）减少或调整运动量是比较常见的疾病治疗方法。

（二）乒乓球运动中疾病的一般治疗方法

乒乓球运动中，一般通过以下两种方法来对运动性疾病进行治疗。

1. 病因治疗

对运动量、运动内容和方式进行调整，常能消除疾病症状和体征，这对于患者而言是最关键的治疗措施。对于轻度过度训练的患者，采取减少训练强度或暂停专项训练与比赛的方法，可使其在短期内痊愈与康复。

2. 对症治疗

用维生素、ATP、能量合剂、中药等药物进行对症治疗。

（三）乒乓球运动中常见疾病的治疗

1. 肌肉痉挛

肌肉不自主地强直性收缩的现象就是肌肉痉挛，也就是通常所说的抽筋。参与乒乓球运动训练很容易引起肌肉痉挛类运动疾病。

（1）原因

①大量出汗。长时间进行乒乓球运动训练，特别是在夏天，训练过程中运动员大量排汗，电解质从汗液中丢失，造成Nacl过低，肌肉兴奋性增高，从而造成肌肉痉挛的现象。

②肌肉收缩失调。在乒乓球运动中，肌肉连续快速收缩，而肌肉放松时间相对却较短，因此就会因肌肉收缩与放松的协调性紊乱而造成肌肉痉挛。

③肌肉疲劳和损伤。乒乓球运动员在训练过程中，身体疲劳对肌肉的功能有直接的影响。尤其是局部肌肉疲劳或损伤后继续参加训练，或做一些突发性用力动作时，很容易引发肌肉痉挛。

（2）临床表现

抽筋部位的肌肉剧烈挛缩发硬、肢体僵硬、疼痛剧烈，发作后一般持续数秒，因而无法继续进行运动。

（3）治疗方法

轻度肌肉痉挛通常只要采用牵引痉挛肌肉的方法就可以得到有效的治疗。肌肉如果出现强直性收缩，就用手握住相应肢体，向肌肉收缩的反方向进行牵拉。注意牵引时采用均匀、缓慢的力度比较适宜，如果力度过大，可能会引起肌肉拉伤。

（4）预防措施

首先，运动员平时要加强锻炼，促进自身机体耐寒能力的提高。

其次，运动前准备活动要做充分。运动前适当按摩运动中承受负荷大或易发生痉挛的肌肉。

再次，冬季参加户外训练要注意保暖。夏季长时间训练时要及时补充水分和维生素。

最后，切忌在饥饿、疲劳状态下继续参加训练。

2.过度紧张

过度紧张指的是乒乓球运动中，运动员体力负担超过机体能力而产生的病理状态。一般运动后即刻或短时间内就会出现该疾病。

（1）原因

运动员缺少训练和比赛经验，长时间中断训练，患病等都有可能造成过度紧张。训练过程中一旦运动负荷超过心脏负担，心肌就会出现缺血、缺氧、收缩力减弱的症状，此时心输出量明显降低，因而造成急性心功能不全，更有甚者可引发心肌梗塞，对生命构成严重的威胁。脑缺血、缺氧也会导致脑血管痉挛发生。

（2）临床表现

急性血管痉挛。乒乓球运动员在长时间的训练中如果情绪紧张、极度疲劳、机体状态不佳，可引发胃肠血管痉挛疾病，主要症状是恶心呕吐、腹部压痛。

脑血管痉挛。运动后突然发生一侧肢体麻木，动作不灵活或麻痹，同时有头痛、恶心、呕吐等症状。

（3）治疗方法

当运动员在训练过程中出现头晕、心悸、恶心等症状时，需马上停止训练，平卧并松解衣领、裤袋，保持安静状态，同时注意保暖。救护人员点掐患者的内关、人中穴，必要时送往医院治疗。对于心功能不全的运动员，应使其保持半坐卧位的状态，必要时注射镇静剂；如果出现胃肠功能紊乱疾病，大强度的训练都应暂停，补充易消化的食物。

（4）预防措施

首先，全面加强身体锻炼，按照科学的训练原则进行练习。注意循序渐进地安排训练量，运动前做好充分的准备活动等。对于训练水平或体能素质水平较低的运动员，要根据实际情况安排运动负荷，不可强迫其参与超负荷的训练。

其次，运动前进行体格检查。先做全面体检，患有急性疾病（如感冒、胃肠炎、扁桃体炎、高热等）、心血管功能不佳的运动员都不能参加大运动量的训练。

再次，训练与比赛过程中加强对乒乓球运动员的医务监督，以便及时处理疾病。

最后，如果运动员长期中断训练，则在进行运动训练时，需合理安排运动量，循序渐进增加运动负荷。

3. 运动性贫血

运动性贫血是指直接由运动造成的贫血，一般按内科临床诊断贫血标准来进行诊断，由运动相关原因而造成的男性血红蛋白 <120 克/升，女性 <105 克/升即可诊断为运动性贫血。

（1）原因

长时间的运动训练中机体能量大量消耗，如果没有及时补充，或摄入不足，则会出现贫血症状。

（2）临床表现

贫血是运动性贫血的主要症状，安静时心率加快，心尖区可听到收缩期吹风样杂音。具体有无力头晕、气喘易倦、心悸等症状。贫血患者通过血液检查，其红细胞和血红蛋白值都要比正常值低。

（3）治疗方法

在乒乓球运动的训练过程中，如果男运动员的血红蛋白 <100 克/升、女运动员 <90 克/升，应立即停止大运动量的训练。处理该现象时以治疗为主，可服用抗贫血药物和维生素 C，也可采用中药人参、红枣、白术、当归等中药疗法。

（4）预防措施

首先，对运动量和训练强度进行合理的安排，循序渐进增加训练负荷，对运动员的训练要因人而异，区别对待。

其次，食物加工和膳食安排都要科学健康，运动员每天每千克体重至少要补充 2 克蛋白质。

最后，运动员要定期进行体检。

4. 运动性腹痛

腹痛是乒乓球运动中常见的一种疾病。运动性腹痛指的是由运动引起或者诱发的腹部疼痛。运动中腹痛的程度与运动量、运动强度等有直接的关系。

（1）原因

首先，肝脾出血。乒乓球训练过程中，运动员没有做好准备活动，但运动强度却在急速增加，此时运动员内脏器官没达到相应的水平，这就对静脉回流造成了影响，导致肝脾出血并引起腹痛。

其次，胃肠道功能紊乱。运动过程中运动员胃肠道血流量减少，再加上日常饮食不规范，从而使胃肠壁受到牵扯而引起疼痛。

再次，呼吸肌痉挛。运动员运动水平低，呼吸与动作节奏不平衡，运动强度增加，心肺功能无法适应肌肉工作的需要，从而引起呼吸肌痉挛、大脑缺氧等现象，进而引发腹痛。

最后，如果运动员有阑尾炎、溃疡病、胆道感染、胸膜炎等腹部慢性病变，运动时病变部位因受到刺激而感到剧烈的疼痛。

（2）临床表现

安静时不痛，运动中或结束时腹痛。一般没有其他伴随症状。如果运动负荷小、强度低、速度慢，则不会有明显的腹痛感。

（3）治疗方法

乒乓球运动员在训练过程中出现腹痛，应立即降低运动强度，深呼吸，对呼吸及运动节奏进行调整；在疼痛部位用手按压，持续一会儿可减轻疼痛感。如仍无缓解效果，则停止训练活动。如果疾病诊断明确，可口服阿托品、普鲁苯辛等解痉药物。如仍无显著效果，则需送医诊治。

（4）预防措施

首先，乒乓球运动员应在运动前做好充分的准备活动，合理安排训练内容和时间。

其次，训练中运动量的增加要从小到大逐步增加。运动员应加强体能训练，增强心肺机能，增强自身的适应能力。

最后，对进餐与运动的间隔时间要合理安排。

参 考 文 献

［1］易礼舟，戴彬.大学生体育与健康 [M].重庆：重庆大学出版社，2018.

［2］侯柏晨，谢勇，王焕珍，等,大学体育 [M].北京：人民邮电出版社，2017.

［3］湖葵.二十一世纪乒乓球新技术 [M].武汉：武汉理工大学出版社，2017.

［4］李小兰，王伟.最新球类运动规则与裁判法 [M].北京：新华出版社，2015.

［5］文雄，裘进，尚书庆，等.大学体育 [M].重庆：重庆大学出版社，2015.

［6］向超宗，邢峰.大学体育选项课教程 [M].重庆：重庆大学出版社，2015.

［7］张向阳.大学新体育 [M].北京：新华出版社，2014

［8］国家体育总局干部培训中心.中国体育强国建设研究 [M].北京：北京体育大学出版社，2012.

［9］邢文华.奥运优秀运动员科学选材的研究 [M].北京：北京体育大学出版，2008.

［10］刘巍，薛峰.大学生体育选项课常见运动损伤与预防 [M].北京：新华出版社，2015.

［11］李军.乒乓球运动训练中的多球训练分析 [J].新体育，2023（08）：20-22.

［12］肖冠群.小学乒乓球运动体能训练的论述 [J].田径，2023（01）：40-41.

［13］黄烨，张超.乒乓球运动训练辅助系统设计 [J].设计，2022，35（14）：58.

［14］何心，蒋雪涛，李游.乒乓球运动技术动作下的体能训练探究 [J].当代体育科技，2022，12（21）：29-32.

［15］梁枫.乒乓球运动中的战术训练和战术运用 [J].文体用品与科技,2022(11)：145-147.

［16］孙赫亭.浅析乒乓球运动中力量训练的重要性 [J].拳击与格斗，2022（04）：103-105.

［17］苏济海.青少年乒乓球运动训练质量途径研究［J］.青少年体育，2021（12）：74-76.

［18］赵凯，李振振.高原地区乒乓球运动训练的适时性研究［J］.冰雪体育创新研究，2021（22）：167-168.

［19］杨乐.乒乓球运动中力量训练的重要性分析［J］.当代体育科技，2021，11（21）：62-64.

［20］李京生.高校乒乓球运动中多球训练法的应用策略研究［J］.体育风尚，2021（07）：79-80.

［21］纪旭栋.不同训练专项的体育专业大学生脊柱形态特征及影响因素研究［D］.南京：南京师范大学，2021.

［22］杨利娜.西安市乒乓球俱乐部后备人才训练模式研究［D］.西安：西安体育学院，2020.

［23］曾雨璇.乒乓球国青国少集训队选拔模式的SWOT分析与策略研究［D］.上海：上海体育学院，2022.

［24］王鹏.安徽省乒乓球后备人才培养现状与对策研究［D］.芜湖：安徽工程大学，2022.

［25］耿宇.体教融合背景下山东省初中乒乓球后备人才培养研究［D］.济南：山东师范大学，2022.

［26］唐岚晖.6-8岁乒乓球初学者步法训练的手段设计与实施效果研究［D］.北京：首都体育学院，2022.

［27］李东澎.乒乓球辅助训练器对普通高校乒乓球教学效果的实验研究［D］.长春：吉林体育学院，2022.

［28］刘莹.专业乒乓球运动员运动损伤影响因素探究［D］.南昌：江西师范大学，2022.

［29］常宝平."体教融合"背景下天津市乒乓球后备人才培养现状及发展对策研究［D］.天津：天津体育学院，2022.

［30］刘佳琛.增强式训练对高校乒乓球专项学生下肢爆发力和灵敏素质的影响研究［D］.长春：吉林体育学院，2022.